AF545890

DURCH DIE ALPEN

DIE SCHÖNSTEN BIKER-TOUREN

Markus Biebricher

Einbandgestaltung: Sven Rauert, unter Verwendung von Motiven von Klaus H. Daams
Herausgeber: Markus Biebricher
Fotos und Grafiken: Archiv der Motorpresse Stuttgart (mps); mps/Markus Biebricher 114, 116, 118, 119, 138-141, 143, 145, 146-147; mps/Jo Deleker 115; mps/Thorsten Dentges 91, 150-157; mps/fact 124; mps/Rossen Gargolov 8, 124, 125; mps/Zep Gori 116, 117, 197; mps/Björn Gramm 10; mps/Markus Jahn 112-113; mps/Jörg Künstle 86-87, 88, 89, 92-95, 160-171, 196; mps 8, 9, 10; mps/Daniel Prudek 4; mps/Arturo Rivas 26-35, 38-47; gettyimages/viewpictures 200-201, 203; shutterstock/Aishe 202; shutterstock/Andrei Moldovan 174-175; shutterstock/BrunoK1 152; shutterstock/imagebroker.com 2-3; shutterstock/kavalenkava 128-129; shutterstock/StevanZZ; shutterstock/Zcenerio 12-13; shutterstock/Thorsten72 122-123; Stadt Luzern 205; Zillertalbahn 204; Klaus H. Daams 50-59, 62-63, 64-68, 72-81, 130-135, 142, 144-145, 176-181; Bernd Keidel 206-207; Dirk Schäfer 6, 14-24, 98-109, 184-191, 194-195; Claudia Werel 24-25, 36, 60, 70, 82-83, 96, 97, 110, 120-121, 126-127, 136, 148-149, 158-159, 172, 182, 192-193, 198.

ISBN: 978-3-613-04650-4

Ein Unternehmen der Paul Pietsch-Verlage GmbH & Co. KG

1. Auflage 2024

Sie finden uns im Internet unter **www.motorbuch-verlag.de**

Lektorat: Bernd Keidel
Satz: Monna Wilke, tebitron gmbh,
Druck und Bindung: Graspo CZ, 763 02 Zlín
Printed in Czech Republic

EIN HOCHGEFÜHL

Die Alpen: Es gibt wohl kaum eine andere Region in Europa, die auf Motorradfahrerinnen und Motorradfahrer eine stärkere Faszination ausübt.

Warum das so ist? Weil der Mix aus Kurven aller Radien, aus Steilpassagen rauf und runter, aus überirdischen Panoramen, Fahr- und Naturerlebnissen einzigartig ist. Weil diese vielfältigen vertikalen Landschaften immer wieder neu einfach sprachlos machen. Und weil uns die teils abenteuerliche Streckenführung der Straßen und Pisten fahrerisch fordert. Deswegen ist es hilfreich, beim Motorradfahren im Alpenraum ein geschärftes Bewusstsein für eine mentale und körperliche Fitness mitzubringen, damit wir auf ungewohnte Reaktionen unserer Maschine, veränderte Straßenverhältnisse, unerwartetes Verhalten anderer Verkehrsteilnehmer und die Bedürfnisse dieses wundervollen Lebensraumes vorbereitet sind.

Der Lohn erhöhter Konzentration, Aufnahmebereitschaft und Fahrkompetenz ist das Hochgefühl, das Erfolgserlebnis, wenn man auf der Passhöhe angekommen ist. Jetzt kann man entspannt das Panorama genießen, sich mit anderen Motorradfans austauschen und das Erlebte als fahrerisches Highlight verarbeiten.

Damit das noch lange so bleiben kann, sollte man sich darüber klar sein, dass Motorrad fahren in den Alpen nur dann eine Zukunft hat, wenn wir Akteure Rücksicht nehmen auf die gewaltige Natur und ihre Bewohner. Etwas Umsicht und ein sensibler Umgang mit dem Gasgriff bedeuten ja nicht notwendigerweise einen Verzicht auf Fahrspaß und Erlebnis-Intensität. Auch im Rahmen der geltenden Geschwindigkeitsbegrenzungen macht Passfahren große Freude und wer Alpenstraßen mit Rennstrecken verwechselt, ist hier definitiv fehl am Platz.

Und weil sich an sonnigen Wochenenden während der Sommersaison mitunter Wohnmobile, Autos, Motorräder und Fahrräder den Raum der engen Alpenstraßen streitig machen und keiner mehr individuell vorankommt, werden einige Strecken neuerdings unter verschiedenen Benutzergruppen zeitlich aufgeteilt: bestimmte Stunden oder Tage für Radfahrer, andere für den KFZ-Verkehr, eventuell auch welche für Wanderer. Das ist immer noch weitaus besser als eine Totalsperre für motorisierte Menschen. Gut informiert und gut geplant, lässt sich mit solchen Einschränkungen leben.

Auf den Strecken ohne Einschränkungen kann man sich beispielsweise überlegen, eine Befahrung am frühen Morgen oder späten Abend vorzunehmen, um dem Gedrängel zu entgehen und das Naturerlebnis noch zu steigern. Genau darum geht es auch im vorliegenden Buch. Es soll Ihnen, verehrte Leserinnen und Leser, dabei helfen, den Zauber, die Faszination, die Einzigartigkeit des Alpenbogens und das darin mögliche Fahr- und Reisevergnügen als unvergesslichen Eindruck ins weitere Leben mitzunehmen. Deshalb präsentieren wir Ihnen hier 18 ausgesuchte Touren, die Sie zum Nachfahren und Nacherleben animieren sollen. Viel Freude damit wünscht Ihnen

Markus Biebricher, im Frühjahr 2024

IM BANN DER BERGE

Wer in den Alpen Motorrad fährt, sollte sich bewusst machen, dass diese Umgebung besondere Herausforderungen an Mensch und Maschine stellt. RIDE möchte, dass alpine Touren zum sicheren Erlebnis werden.

TEXT: *Ralf Schneider* **FOTOS:** *Tobias Beyle, Dirk Schäfer, Rossen Gargolov, Björn Gramm*

Vom Fernweh geplagt, von Schräglagen- und Landschaftsperspektiven gelockt, treibt es jährlich zahllose Motorradfahrer in die Alpen. Sowohl erfahrene Kurvenkenner als auch zahme Anfänger tummeln sich auf den Pässen. Doch wer denkt, er könne mal eben in guter alter Sonntagstour-Manier über die Alpen dübeln, deren höchste asphaltierte Straße auf 2770 Metern (Col de l'Iseran) liegt, sollte kurz innehalten. Im Rahmen des größten Motorrad-Vergleichstests der Welt, des Alpen-Masters, den unsere Mutterzeitschrift MOTORRAD jedes Jahr veranstaltet, möchte RIDE Ihnen Tipps zur Tourenplanung und Infos zu sicherer Fahrtechnik auf Serpentinen und Passstraßen geben. Dazu gehört auch die optimale Vorbereitung von Körper, Geist und Motorrad. Und ein paar Gedanken zu den Themen Beladung, Alpenländer-Regeln, Wetter und Routenplanung. Womit Ihr Alpen- Erlebnis nach menschlichem Ermessen sicherer und intensiver wird. Viel Spaß!

ERFAHRUNG UND FITNESS

Schätzen Sie Ihre körperliche Fitness ehrlich ein. Je 80 Meter Höhe verringert sich der Luftdruck um ein Prozent. Die Luft wird dünner, der Sauerstoff-Partialdruck sinkt. Zwar ist Motorradfahren nicht Bergsteigen, doch für empfindliche Personen wird körperliche Betätigung ab 1500 Metern Höhe anstrengend. Es fällt schwerer, die Körperspannung zu halten, geistige Frische und Konzentration können leiden. Die trockene Luft sorgt für erhöhten Flüssigkeitsbedarf. Also: viel trinken! Spontane und drastische Veränderung der Witterung machen Veränderungen der Tages- und Streckenplanung nötig. Hier sollte man offen, flexibel und ruhig bleiben.

Weder stures Festhalten an der Routenführung noch hektisches Umkehren sind clever. Für Amateur-Alpinisten sind Guides, erfahrene Partner oder eine Gruppe die beste Hilfe für den Einstieg in den Aufstieg. Bei jeder Tour und gerade in Gruppen ist es wichtig, die persönliche Leistungsfähigkeit richtig einzuschätzen. Das Tagespensum sollte besser niedrig angesetzt werden. Im Notfall: rasten, ausruhen, überlegen, Kraft sammeln oder die nächste Unterkunft aufsuchen.

UNSER TIPP:
Schräglagen sollte man hier lieben, nicht nur nicht scheuen. Tagespensum: Für Alpin-Einsteiger sind 300-Kilometer-Tagesetappen schon sehr viel. Lieber locker ankommen als gestresst!

WITTERUNG

Die Alpen zählen durch ihr starkes Relief als Ort für besonders kleinräumiges Klima und starkes Wettergeschehen. Sie trennen drei klimatische Zonen voneinander und werden von vier verschiedenen Winden aus allen Himmelsrichtungen beaufschlagt. Hinzu kommt eine hohe direkte Sonneneinstrahlung. Dunkle Visiere, Sonnencreme und -brille sowie Kopfschutz in den Pausen gehören zur Standardausrüstung. Auch wichtig: Schutzkleidung für starken Niederschlag. Besondere Vorsicht gilt bei Anzeichen von Gewittern, die sich blitzschnell bilden können. Für Motorradfahrer sind sie lebensgefährlich, da diese in der Höhe Blitzen, Sturm, Hagel und Steinschlägen schutzlos ausgeliefert sind. Im Notfall: vom Motorrad entfernen, Schutz suchen unter einer Brücke oder einem Vordach. Im ungünstigsten Fall: in eine Mulde hocken. Abgesehen von solchen Überraschungen hält das Alpenwetter aber auch einzigartige Schauspiele von Sonne und Wolken bereit. Die genutzte Bekleidung sollte daher Schutz gegen Wasser, Isolierung gegen Kälte und Belüftung bei Hitze leisten.

UNSER TIPP:
Unter keinen Umständen in den Alpen bei Gewitter Motorrad fahren, es herrscht Lebensgefahr! Ansonsten: sich hinsichtlich der Bekleidung auf ständig wechselnde Witterung einstellen.

REGELN

Quizfrage: Welche Länder haben Anteil an den Alpen? Richtig, Österreich (29 %), Italien (27 %), Frankreich (21 %), Schweiz (13 %), Deutschland (5,8 %), Slowenien (3,5 %), Liechtenstein (0,08 %) und Monaco (< 1 %). Da manche Route durchaus dorthin führt, wo man ursprünglich gar nicht hinwollte, lohnt es sich, die speziellen Verkehrsregeln dieser Alpenländer zu kennen. In Österreich ist neben Helm- und Lichtpflicht auch ein dicht verpackter Verbandsbeutel Vorschrift. Achtung: Die österreichische Polizei darf Strafzettel aufgrund geschätzter überschrittener Geschwindigkeit vergeben.
In Italien gilt die Regel, dass der Sozius mindestens 18 Jahre alt sein muss. Außerdem wird hier empfohlen (trotz Kennzeichenabkommen), die grüne Versicherungskarte mitzuführen (kann bei der eigenen Versicherung angefordert werden). Die Franzosen reduzieren das Speedlimit für Fahranfänger (bis zwei Jahre nach Führerschein-Erhalt) wiefolgt:Autobahnen 110 km/h, Schnellstraßen 100 km/h, übrige Straßen außerorts 80 km/h. Außerdem Pflicht in Frankreich: Warnweste mitführen, zertifizierte Handschuhe tragen!

UNSER TIPP:
Wenn selbst die Einheimischen 50 fahren, sollte man der Blitzer-Warnung folgen. Es gilt der bewährte Grundsatz: Do what the locals do.
Nicht viel mehr, nicht viel weniger.

WARTUNG

Sie selbst sind durchgecheckt? Dann ist es Zeit, Ihren wichtigsten Reisepartner gründlich zu untersuchen oder untersuchen zu lassen: Neben der Kettenpflege (die aus Schmieren, dem Check von Verschleiß und Spannung besteht) sollten Reifenprofil, Bremsbeläge, Bremsscheiben, Bremsflüssigkeitslevel, Kühlmittel- und Motorölstand kontrolliert werden. Wer beim Fahren auffällige Geräusche wahrnimmt, sollte zum Schrauber des Vertrauens fahren! Um das Motorrad auf die wahrscheinlich höhere Beladung vorzubereiten, erhöht man, sofern einstellbar, die Vorspannung der Federelemente und ggf. den Reifenluftdruck. All jene, die mit Sozius unterwegs sind, sollten diese Punkte besonders beachten. Wer mit einem Vergasermotor in die Alpen will, muss durch den geringeren Sauerstoffdruck mit bis zu 20 Prozent weniger Leistung rechnen, sofern der Vergaser nicht umbedüst wird. Moderne Einspritzer kennen dieses Problem nicht.

UNSER TIPP:
Einstellmöglichkeiten der Feder-/ Dämpfer-Elemente nutzen, der Beladung anpassen

KARSTENS KARTENTRICK

Warum tolle digitale Helferlein nicht immer die Lösung sind.

So ist es, das gute alte Kartenmaterial sollte auch im Gepäck der Digital-Fans nicht fehlen. Denn wenn alle Verbindungen reißen, findet die Karte noch immer den Weg. Unser Motorrad-Tester **Karsten Schwers** ist bekennender Fan der analogen Navigation, besitzt daher unzählige Karten und verrät weitere Vorteile: „Zunächst muss ich wissen, wo ich bin, um eine gute Übersicht über die Region zu bekommen und die Himmelsrichtungen ausmachen zu können. Außerdem will man ja gerade mit dem Motorrad immer dahin fahren, wo es schön ist, Abstecher machen, wissen, was in der Nähe ist, und jene Berge wie Straßen benennen können, die das Panorama bietet. Dafür ist die Karte einfach besser, ich sehe grün hinterlegte Straßen (landschaftlich schön), kann meine Tour spontan verändern, ohne programmieren zu müssen. Navis basieren schließlich auf Berechnungen, die einerseits nicht immer richtig sind und andererseits trotz Kurven-Features nicht meine perfekte Route finden würden, die ich durch die Karten selbst suche und befahre. Voraussetzung natürlich: Die Straßen sind relativ gut ausgeschildert. Möchte ich dann aber zu einer bestimmten Adresse oder etwa dringend zu einer Tankstelle, ist das Navi schon im Vorteil – aber selbst dann kann ich zu meinem Smartphone greifen."

Karsten Schwers: „Ohne Karte geht nichts!"

PASSSTRASSEN PERFEKT MEISTERN

„Stell dir vor, du kommst dir selbst entgegen!"

Ein häufiger Rat, wenn es um die Linienwahl geht. In den Alpen reicht es nicht, einfach nur die Gegenfahrbahn zu meiden. Gerade die häufig anzutreffenden Wohnmobile müssen in engen Kurven nämlich auch Ihre Fahrbahn mitbenutzen. Fahren Sie deshalb stets vorausschauend (Kopf weit drehen und auch bergauf oder bergab schauen!) und halten Sie Reserven bei Bremsweg und Schräglage bereit. Kurven sollten Sie hinterschneiden, das heißt: spät einlenken und erst spät nach innen ziehen. Bereits vor der Kurve wählen Sie den richtigen Gang: weder zu hoch (Motorrad reagiert träge oder schiebt bergab) noch zu niedrig (Sie werden zu langsam oder müssen Lastwechsel erdulden). Wenn Ihr Motorrad zu unruhig ist: Fahren Sie mit etwas Gas und leichtem Druck auf der Hinterradbremse. Die Kupplung ist beim Kurvenfahren tabu.

UNSER TIPP:
Der übliche Kurvenswing weicht in den Alpen engen Kehren. Kurven hinterschneiden ist die beste Wahl.

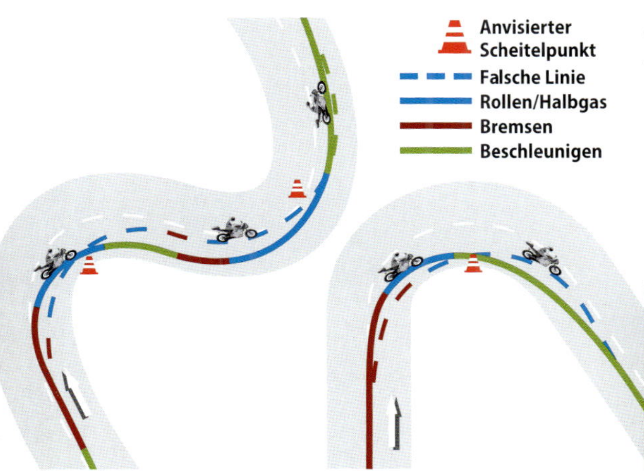

UNSER TIPP:
Bei Kehren und Spitzkehren: spät einlenken und Scheitelpunkt Richtung letztes Kurvendrittel verschieben

KURVENDISKUSSION

Es gibt einen Unterschied zwischen Ideallinie, sicherer Linie und empfohlener Linie. In Leser-Foren wird heiß diskutiert, was richtig ist: Soll man Rechtskehren auf der Gegenfahrbahn anfahren? Ist das zu riskant oder letztlich ein Sicherheitsplus?
Natürlich gilt: Wo immer möglich, sollten Sie sich an die Grenzen Ihrer Fahrbahn halten. Viele Unfälle passieren jedoch in engen Rechtskehren bergauf, weil die Kurve zu eng und zu langsam angefahren wird – die am Scheitelpunkt starke Steigung überfordert dann Ross und Reiter, der Motor würgt ab, und das Motorrad kippt nach rechts. Mit gebrochenem Hand- und Fußbremshebel ist die Reise schnell zu Ende. An übersichtlichen Stellen jedoch lässt sich diese für viele Motorradfahrer schwierigste Disziplin schon im Ansatz entschärfen, wenn der Fahrer die Beweglichkeit und mentale Kapazität besitzt, in der Anfahr- und Bremsphase bereits mehrfach nach rechts oben zu schauen, um eventuellen Gegenverkehr frühzeitig zu erkennen. Wenn er sicher ist (und nur dann!), dass ihm niemand entgegenkommt, kann er vor der Kehre weiter nach links ausholen. Dabei reicht es meist aus, nur kurz und nur leicht über die Mittellinie auszuholen, der Großteil der Kurve wird dennoch auf der eigenen Seite gefahren. Wichtiger und sicherer als ein striktes Einhalten der eigenen Fahrbahn sind gerade für unerfahrene Biker unserer Ansicht nach also die richtige Blickführung und ein fundiertes Abschätzen des Gegenverkehrs.

Großzügiges Ausnutzen der Gegenfahrbahn: Irrsinn oder Sicherheitsplus? Entscheidend ist der vorige Check!

BESONDERHEITEN DER ALPEN

Nicht nur die Tour de France, auch Amateur-Radfahrer wissen um die Schönheit alpiner Pässe. Deshalb treffen Sie dort nicht nur andere Motorradfahrer, sondern auch jede Menge Fahrradfahrer und Wohnmobilisten. Bergauf sind beide ein Hindernis, bergab eine Gefahr. Nehmen Sie deshalb Rücksicht und halten Sie beim Überholen ausreichend Abstand. Auch sonst sollten Sie lieber etwas vorsichtiger fahren, denn Schmelzwasser, Geröll, Schlaglöcher, niedrigere Reifentemperatur und von radierenden Autoreifen glatt polierter Asphalt in den Kurven bedeuten ein ständiges Risiko.

UNSER TIPP:
Nässe, Schotter, Schnee und Radfahrer – seien Sie beim Pässefahren auf alles gefasst!

TROTZ ZUSATZGEWICHT SICHER FAHREN

Sie kennen das: Mit zwei Getränkekästen ist das Treppensteigen mühsamer als sonst. Entsprechend schwer tut sich auch Ihr Motorrad, voll beladen Pässe zu erklimmen. Dies liegt einerseits an der höheren Gesamtmasse, die zu schwächeren Durchzugswerten und längeren Bremswegen führt. Andererseits ändert sich mit Gepäck plus Zusatzgewicht in Gestalt eines Passagiers aber auch die Geometrie des Motorrads: Der Schwerpunkt liegt höher und weiter hinten, auch der Lenkkopfwinkel ändert sich. Folge: Das Motorrad kippt schneller in die Kurve, die Schräglagenfreiheit nimmt ab, und beim Beschleunigen verliert schon mal das Vorderrad den Bodenkontakt. Freunden Sie sich deshalb bereits vollbepackt auf Ihrer Hausstrecke mit den neuen Gegebenheiten an, in den Alpen lassen Sie es zunächst ruhig angehen. Und beachten Sie die mögliche Überbreite: Koffer und Packtaschen werden nicht nur beim Durchschlängeln, sondern auch in Rechtskurven entlang einer Felswand gefährlich.

UNSER TIPP:

Machen Sie schon vor dem Reiseantritt einen Plan – nicht nur, was alles mitmuss, sondern auch, wo es am besten Platz findet. Empfindliches Transportgut wie die Fotoausrüstung sowie Landkarten, Papiere und Geld sind im Tankrucksack am besten aufgehoben und am schnellsten griffbereit. Sowohl für den Tankrucksack als auch die Satteltaschen oder Seitenkoffer gilt: schwere Gegenstände stets nach unten, leichte obendrauf. Allerdings nie so hoch, dass die Instrumente nicht mehr ablesbar sind oder die Fahrstabilität eingeschränkt wird!

Bei Softgepäck empfiehlt sich eine Lackschutzfolie, um Schäden durch Vibrationen zu vermeiden. Und da „wasserdicht" immer auch Vertrauenssache ist: Packen Sie Ihre Utensilien vor dem Verstauen besser in einen Müllbeutel.

Der Schwerpunkt wandert: 1) nur Motorrad; 2) plus Fahrer; 3) plus Sozius und Gepäck richtig überholen

SCHNELL VORBEI

Man kann und sollte sich Zeit lassen mit der Entscheidung. Wenn man sich aber zum Überholen entschlossen hat, gilt nur noch eines: vorbei, und zwar möglichst rasch.

Sicheres Überholen ist in mehr als einer Hinsicht ein Resultat guter Vorbereitung. Das gilt vor allem auf Straßen mit Gegenverkehr und in den Alpen. Erster und wichtigster Schritt dieser Vorbereitung ist das Durchschauen der Verkehrssituation, die sich uns darbietet. Das klingt banal, doch im täglichen Verkehr lauern mehr Fallen, als selbst langjährige Motorradfahrer in ihrem Erfahrungsrepertoire haben.

Dass wir knapp vor einer Kurve oder Kuppe nicht überholen und danach erst, wenn wir die Senke bis zum Grund einsehen und den eventuellen Gegenverkehr in Entfernung und Fahrgeschwindigkeit einschätzen können, versteht sich von selbst. Komplizierter sind Kombinationen mehrerer ungünstiger Faktoren. Ein dunkel lackiertes, niedriges Auto zum Beispiel, das in einer schattigen Passage entgegenkommt, während der zum Überholen ansetzende Motorradfahrer im gleißenden Sonnenlicht fährt. Oder ein entgegenkommender Motorradfahrer im Gegenlicht, der einen weiteren, ihm hinterherfahrenden verdeckt.

Beide Situationen sind dem Autor schon unterlaufen, zwangen zu schnellen Rettungsmanövern und bescherten eine wichtige Erkenntnis: Die größte Gefahr ist unsere eigene Ungeduld. Wir können sie nur dadurch ausschalten, dass wir gerade dann mit Bedacht ans Überholen gehen, wenn wir besonders heiß darauf sind, etwa um uns vor der nächsten Kurvenfolge freie Bahn zu verschaffen. Noch bevor die Entscheidung fällt, können wir schon einmal den richtigen Gang einlegen; meist müssen wir dafür zurückschalten. Ausreichender Abstand zum Vorausfahrenden vermeidet, dass dieser irritiert wird. Würde er aus Unsicherheit oder Zorn plötzlich bremsen, fiele diese Reaktion auf uns zurück: Wir müssten selbst verzögern, statt zu überholen. Schon Sekundenbruchteile bevor der Weg frei wird, kann Gas angelegt und beschleunigt werden. Weiter beschleunigend wechseln wir auf die Gegenspur und ziehen den eigentlichen Überholvorgang rasch und energisch durch. Ganz wichtig: Beim Überholen wird weder Sprit gespart noch der Hinterreifen geschont. Wer die Nähe des Gegenverkehrs unterschätzt hat und dies auch noch zu spät bemerkt, sollte sich nicht sklavisch ans Tempolimit halten, sondern weiter voll beschleunigen. Besser kurzzeitig zu schnell fahren als einen mörderischen Frontalcrash verursachen.

Bei normalem Verlauf eines Überholmanövers tun wir gut daran, in großzügigem Abstand vor dem eben Überholten wieder nach rechts zu ziehen. Und wer als Erster einer Gruppe überholt, hat die Pflicht, erst dann wieder das Tempo zu reduzieren, wenn die nach ihm Kommenden genügend Raum zum Wiedereinscheren haben. Ballen sich viele Fahrzeuge auf kleinem Raum, ist es eine kollegiale Geste, auf der eigenen Straßenseite ganz rechts zu fahren, um andere Motorradfahrer in die Lücke zu lassen.

Von besonders starkem Charakter müssen diejenigen sein, welche in einer Gruppe hinten fahren. Selten können alle in einem Zug überholen, dann müssen die Hinteren so lange warten, bis auch sie sicher vorbeikommen.

UNSER TIPP:

In den Alpen herrscht meist wenig Platz auf schmalen Straßen. Hier sind Geduld und scharfe Analyse der Verkehrssituation besonders wichtig. Steht seitlich der Straße ein Fahrzeug wartend auf einem Weg oder Parkplatz, verzichtet man besser aufs Überholen. Selbst wenn kein Gegenverkehr herrscht. Durch die starke Beschleunigung sind überholende Motorräder für solche Seitensteher schwer einzuschätzen. Übrigens: Im Überholverbot dürfen Autofahrer Motorradfahrer überholen. Umgekehrt gilt das nicht.

Auf Pässen erfordert sicheres Überholen ein Antizipieren des Verhaltens anderer Fahrer

VON DEUTSCHLAND NACH ÖSTERREICH

BERCHTESGADENER LAND

EINEN SOMMER LANG

Mancher Ausflug, der nur ein paar Tage dauern soll, entwickelt eine Eigendynamik, die auf ein schier endloses Zeitbudget baut. Da sind Entscheidungen gefragt, die weit über den Ausflug hinausgehen.

TEXT UND FOTOS: *Dirk Schäfer*

D
E
RG51

Vom Hintersee wellt sich der Asphalt Richtung Berchtesgaden

Uriger geht's nimmer: Auf der Ahornalm spielt die Musik

W**asti hat keine Ahnung von Frauen.** Überhaupt keine. Aber er merkt's nicht. „Schau, die Blonde! Die isses!" Durch die offene Tür der Almstube dringt seine viel zu laute Stimme zur Blonden in der Küche. Wasti meint Sophia. Und die hat es vermutlich gehört. Eine Antwort aus der Küche hören wir nicht. Die wäre aber auch nicht zu verstehen, denn Wasti haut schon wieder in die Tasten seines Akkordeons. Bayrische Volksmusik. Nicht unbedingt das, was Jürgen und ich in den Ohren haben wollen. „Kannst du auch was anderes spielen?" Jürgens Frage stachelt Wasti an. Vielleicht, weil Wasti schon ordentlich einen im Tee hat. Und dann legt er mit seiner Quetschkommode los.

Zuerst denke ich, es soll AC/DCs „Thunderstruck" sein. Aber Jürgen erkennt es als Erster richtig. „Narcotic" von Liquido. Auf dem Akkordeon! Die Stimmung in der urwüchsigen Hütte geht in Richtung „my private Wacken". Wenn wir jetzt noch zwei Bier bestellen, versacken Jürgen und ich auf der Ahornalm in einer Spontan-Narkose. Weniger wegen „Narcotic" und Wasti. Wegen Sophia schon eher. Wieso sind wir hier überhaupt hängengeblieben?

Alles fing mit dem Wetterleuchten über dem Watzmann an. Das hatten wir schon vor Schneizlreuth gesehen. Bei uns regnete es noch nicht. Aber weit voraus musste ein Unwetter toben. Genau in unserer Richtung. Wir wollten irgendwo einkehren. Um 22.30 Uhr waren jedoch die hiesigen Aufenthaltsangebote schon mächtig ausgedünnt. Dann kam der Sturm, untrüglicher Vorbote des bevorstehenden Weltuntergangs. Schwere Böen von rechts. Die Tachonadel der Urban GS klammerte sich an die 100 wie ich mich an den Lenker. Dann ein fahler Lichtschein auf der linken Seite. Ein Gasthof. Jetzt schlugen die ersten Tropfen wie gefüllte Wassergläser neben uns ein. „Hat der Watzmann einen Hut, wird's Wetter gut. Guter Witz!", feixte Jürgen, und wir verschwanden vom Regen überperlt im Gasthof.

Wasti legt sich ordentlich ins Zeug. Sowohl am Schifferklavier als auch am Braugut. Sophia tischt Herzhaftes auf, und für Minuten könnte entspannende Verzehr- stille in der Stube herrschen. Aber jetzt kommt das Gespräch auf Motorräder. Der Bogen spannt sich von Jürgens GSX-F über meine Urban GS zu Wastis Gas Gas. „Brudahl laud is die, brudahl!", lacht er und lässt keinen Zweifel daran, dass sein Eisen in einem Zustand ist, der einem empfindsamen TÜV-Prüfer den Kitt aus der Brille kloppt. „Vui zu laud, aber geil!" Mir ist schon die Urban GS – sagen wir – ein wenig zu sehr im akustischen Grenzbereich. Wenn ich da an heute Morgen denke ...

Vor dem Sonnenaufgang hatten Jürgen und ich aufgesattelt und waren Richtung Roßfeld-Panoramastraße gestartet. Bevor der große Trubel losgeht, wollten wir schon auf der Höhe der bayerischen Straßenbaukunst sein, auch wenn dazu ein Extrataler für die Maut auf der Panoramarunde erforderlich war. In Berchtesgaden schlief man noch, als wir in die Salzbergstraße einbogen und die rauschende Ache überquerten. Fette 24 Prozent Steigung wurden avisiert, überhöhte Kurven serviert und ein dotterwarmes Licht brach durch die schlanken Baumreihen. Jürgens Vierzylinder säuselte bergan, der Boxer trompetete hinterher. Für mein frühmorgendliches Wohlbefinden hätte es auch ein Dezibel zurückhaltender sein können. Vielleicht zwei. Aber es beschwerte sich niemand. Am allerwenigsten der seelenlose Kassenautomat an der Mautstelle.

Die Schranke gab den Weg frei, und jetzt hatten wir die Roßfeldstraße für uns allein. Der Streckenzustand war wie Ostern und Weihnachten auf einen Tag. Formidabel. Statt verschreckender Stahlschutzplanken hatte man zur Absturzsicherung eine Mischung aus gemauerten Blöcken und Holzplanken an die Strecke gestellt. Eine fast malerische Komposition. Noch viel besser sah es allerdings aus, wie Jürgen vor mir die Suzuki von einer Kurve in die nächste warf. Die Urban sprintete hinterher, und alles, was uns jetzt noch fehlte, war ein gescheites Frühstück. Und ich wusste, wo man es bekam.

Fette 24 Prozent Steigung wurden avisiert, überhöhte Kurven serviert

Gerade hatten wir den Hohen Göll, den Hausberg der Roßfeldstraße, passiert, als ich zur Ahornalm und damit zum Frühstück abbiegen wollte. Aber Jürgen war schon so im Flow, dass er mein hilfloses Geblinke und Gehupe nicht wahrnahm. Auch egal, fahren wir die Strecke eben zweimal! Oder hatte Jürgen schon im Urin, was wir weiter vorne zu sehen bekommen sollten?

Auf dem leer gefegten Parkplatz am Hennenköpfl rollte die Suzi aus, der Boxer hatte vorerst austrompetet. Helm ab zur Morgenandacht. Tief unter uns, aus dem Tal der Ramsauer Ache, quollen Wolken wie Schaum aus einer defekten Waschmaschine. Weiter rechts zogen von der frühen Sonne angeleuchtete Wolkenfetzen über das prächtig-grüne Salzburger Land. Dazwischen markierte die blitzende Landebahnbefeuerung von Salzburg International das Tor zur Welt. Alles so greifbar nah und doch so weit weg. „Was ist denn mit Kaffee?" – „Kaffee!"

Auf der Ahornalm waren wir die ersten Gäste und ich wartete, dass der alte Wirt, den ich von früheren Besuchen kannte, mit zwei dampfenden Tassen aus seiner Hütte kommt. Stattdessen erschien das blühende Leben in Gestalt einer lockigen Blonden, die ihre überquellende Haarfülle zum Zopf zusammengebunden hatte. Unsere einzigen Worte: „Gibt es schon Kaffee?" Sophia strich sich die

Der letzte Cowboy blinzelt von der Roßfeldstraße in die Abendsonne (oben). Auf der Ahornalm: Idyll mit Almwirtin (Mitte). Berg voraus! Der Hohe Göll als Fluchtpunkt, um die Fahrlinien sauber zu setzen (unten)

Frühmorgens hat man das Massiv des Hohen Göll und die Panoramastraße für sich

Ein Zaungast und vorsehen auf dem Weg nach Hintersee. Die Straßenbreite rutscht gleich auf ganz schmal

Haare aus dem Gesicht. „Ja, wenn ihr zehn Minuten warten könnt. Ich habe das Feuer gerade erst angezündet." Kaffeewasser vom Holzfeuer! Wir waren begeistert. Und verbummelten den Tag auf der Alm. Dann kamen Wasti, das Akkordeon, das Bier und das Angebot, im Heu zu übernachten. Zu viel Romantik? Sicher.

Der nächste Morgen, nicht mehr auf der Alm. Wir hatten uns selbst aus dem Paradies geworfen, Wasti dem Bier und dem Heu überlassen und waren wieder ins Tal gefahren. Auf die Alm können wir immer noch. Den ganzen Sommer lang. So lange wird Sophia dort oben mit ihrer Freundin Bine die Alm bewirtschaften. Wir bewirtschaften jetzt erst mal die Strecke nach Hintersee. Die schnürt sich bald auf unter SUV-Niveau zusammen, verzichtet auf Schnickschnack wie eine Mittelmarkierung und mündet im Postkartenidyll des blaugrünen Hintersees. Noch mehr Bilderbuch gefällig? Die Ache gurgelt sich wildromantisch durch einen Zauberwald und jetzt wird's höchste Zeit, hier zu verschwinden. Sonst buche ich hier gleich noch einen Pärchenurlaub.

Schnell werden wir Richtung Bischofswiesen fündig. In mehreren Serpentinen schwingt sich die Straße zum Hochschwarzeck hinauf. Damit wir es nicht zu forsch angehen lassen, hat ein kreativer Straßenmaler Bitumengraffiti auf den Asphalt gepanscht. Macht nichts. Die Hintersee-Romantik hat eine unerwartet hohe Halbwertzeit und hält den Puls niedrig. Am verwaisten Parkplatz eines Skilifts stoppen wir. Blick zurück: Die steingrauen Flanken von Hochkalter und Watzmann rücken die Landschaft wieder in die richtige Perspektive. Und diesmal ist der Himmel über dem Watzmann wolkenlos.

Wir queren die Ache noch einmal und peilen Hinterbrand an. Hierher verirren sich deutlich weniger Leute als auf die Roßfeldstraße, auch wenn die nicht weit weg ist. Unter dichtem Laub oszilliert die Straße vorwärts, und wir passieren das Café Windbeutelbaron. An dem kann man nicht vorbeifahren. Als wäre der Name nicht schon Einladung genug, ist die Vorfahrt über einen kleinen Fahrweg nur Motorrädern gestattet. Ist das nicht Balsam auf des Motorradfahrers Seele? Gibt's davon nicht noch mehr? Aber das Entsetzen folgt auf dem Fuß: Der Windbeutelbaron hat für heute schon geschlossen. Und jetzt?

Die Straße endet scheinbar am Parkplatz von Hinterbrand in einer Sackgasse. Aber hinter den Kolonnen geparkter Autos geht's plötzlich weiter. Steil hinab Richtung Königssee. Enge Straße, enge Kurven und herzlich dünner Verkehr. Das ändert sich erst, als wir in die Hauptstraße nach Schönau einbiegen. Plötzlich ist da viel zu viel Verkehr. „Sollen wir uns da etwa einreihen?" – „Bestimmt nicht." – „Ok. Alternative?" – „Wie wäre es mit Kaffee überm Holzfeuer?" – „Du wirst doch nicht Feuer gefangen haben?" – „Nee. Ich will nur noch mal das Akkordeon hören." Jürgen lacht und gibt Gas. Das könnte den ganzen Sommer so gehen.

Einkehrschwung am Gasthof Hindenburglinde

INFO

TOURDAUER:
circa 6 Std.
(inklusive Sightseeing),
1,5 Tage mit Übernachtung

GEFAHRENE STRECKE:
107 km

ROADBOOK:

1. **Das Berchtesgadener Land als Schwanzspitze** des Bayerischen Löwen ist eine der landschaftlich herausragenden Gegenden Deutschlands. Neben beeindruckender Alpenkulisse ist hier auch fahrerisch einiges zu holen. Ein Aushängeschild: die Roßfeld-Panoramastraße.

2. **Aufbruch in Berchtesgaden** an der Kreuzung B 305/B 319. Der B 319 bergan Richtung Obersalzberg folgen. Den Kreisverkehr am Dokumentationszentrum Obersalzberg geradeaus überqueren. Danach rechts in die B 999 zur Roßfeldstraße. Mautstation: 5 Euro pro Motorrad.

3. **Ab jetzt bestes Fahren** bis zur Scheitelstrecke. Panorama nach Österreich. Talwärts bis zur Einmündung in die B 319. Jetzt links und zurück zum Kreisverkehr am Dokumentationszentrum, links (Scharitzkehlstraße), über Parkplatz scharf rechts hinab Richtung Schönau.

4. **Zurück in Berchtesgaden,** links auf die B 20/B 305. Immer geradeaus. Acht Kilometer später nach Hintersee abbiegen. Den See umrunden und zwei Kilometer nach dem

Zum Karten und GPX-Daten Download
www.motorradonline.de/reise/motorrad-tourentipp-berchtesgadener-land-die-panorama-tour

See links in die Alte Reichenhaller Straße. An deren Ende rechts auf die B 305. 3,8 Kilometer später links nach Bischofswiesen abbiegen.

5. **Steile Serpentinen.** Auf der Hochebene gute Sicht auf Watzmann und Hochkalter. Am Ende der Straße rechts auf die B 20 Richtung Bischofswiesen und Berchtesgaden.

FOTOSPOT

1: Auf der Roßfeldstraße: 600 Meter hinter der Einfahrt zur Ahornalm (Ahornkaser) ist ein Parkplatz. Von hier hat man beste Aussichten auf den Hohen Göll und nach Österreich

2: Am Parkplatz der Hochschwarzeck Bergbahn schaut man auf Watzmann und Hochkalter. Davor noch die Kumpels in Position bringen, und fertig ist das perfekte Foto

TOP-STRECKEN

Keine Frage, die Roßfeld-Panorama-straße ist DAS Ding. Steil, kurvig, sehr guter Zustand mit prächtigen Aussichten. Fünf Euro Maut, die sich lohnen

DER BESONDERE TIPP

Die „Dokumentation Obersalzberg" widmet sich dem Obersalzberg, wo Adolf Hitler das vermeintliche ländliche Idyll zum zweiten Regierungssitz sowie zur Zentrale des NS-Terrorapparats ausbauen ließ. Für einen Besuch der gut aufbereiteten Dokumentation inklusive Führung mindestens zwei Stunden einplanen.

www.obersalzberg.de

HIGHLIGHTS: siehe Karte

DIE ZUGSPITZEN-TOUR

JA, WO IST SIE DENN?

Berge überall. Nur die Zugspitze hat sich versteckt. Die Geschichte einer Suche.

TEXT: *Michael Schümann* **FOTOS:** *Arturo Rivas*

FIRE DEPT.
6425
oilers69.com
TEXAS
951 UAF

Da auf dem Schild, das ist er doch - Deutschlands höchster Berg. Nur hüllt sich sein Gipfel genau heute in tiefste Wolken

Verdammt, wo ist sie denn?! Sehe ich jetzt den Gipfel vor lauter Bergen nicht, oder was? Aber die Zugspitze macht sich gerade rar. Da, dieser steingraue Gigant, das muss sie sein. Doch Deutschlands Höhepunkt hat sich oben eine fette Wolkenhaube übers Haupt gehängt, während unten die Augustsonne die sich durchs Nadelöhr Garmisch-Partenkirchen stauende Blechlawine grillt. Die Luft flirrt auf den Autodächern. Ein Wunder, dass hier nicht immer mal wieder einer ausflippt, denke ich und setze den Blinker in Fluchtrichtung. Endlich raus aus dem Albtraum Autobahn. Endlich rein in die Alpen.

„Die deutschen Alpen? Und rund um die Zugspitze"? Da muss Willi herzhaft lachen. Und er hat ja recht: Denn wenn die Grenze genau über die Zugspitze verläuft, dann führt die Hälfte dieser Tour zwangsläufig durch Österreich. Mindestens die Hälfte. „Und zwar die bessere", sagt Willi. Und hat schon wieder recht. „Weißt du, ich sag immer, der Herrgott hat dieses wunderbare Land geschaffen", sagt Willi. „Und drum herum ist ...", dann schaut er erst ernst und grinst gleich drauf, „na ja – drum herum ist wenig." Willi ist Österreicher, dazu noch Gold Wing-Fahrer und Mo-Ho-Wirt. Sein Motorrad-Hotel und unser Domizil auf der Fotofahrt für diese Tour ist der Jägerhof in Zams im Inntal.

Aber zurück nach Deutschland, wo die kleine BMW von Garmisch aus immer noch in Fluchtrichtung blinkt. In Richtung Ammerwald. Kurz hinter Ettal, noch ein Stück vor Oberammergau, geht's

Eine Reihe Zweieinhalbtausender flankiert mit steilen Wänden die Auffahrt zum Hahntennjoch (großes Bild und rechts oben)

Wenn's so rauf- und runtergeht, reicht Luftkühlung alleine auch dem Fahrer nicht mehr (unten)

Charmanter Straßenschmuck mit Schirmen in Imst im Inntal. Im benachbarten Lechtal gehen immer mehr Bürger auf die Barrikaden gegen den – wie sie finden – unerträglichen Lärm der vielen Motorräder

links rein. Immer wieder weicht der Waldrand von der Straße zurück und macht Platz für gekieste Auen an der Linder. Manche sind als Parkflächen ausgewiesen, und an Wochenenden stehen hier VW-Busse und Citroën Berlingos von wanderlustigen Münchnern dicht an dicht. Die Bayern-Urlauber aus Norddeutschland dagegen steuern immer gleich und direkt Linderhof an. Das kleinste Schloss des Märchenkönigs Ludwig II. ist mitten im Ammergebirge auch das am verstecktesten gelegene und war vielleicht genau deswegen einer der Lieblingsorte des Wittelsbacher Sonderlings. Gleich hinter Schloss Linderhof beginnt Österreich, und mit der Grenze kommt mir die Zugspitze wieder in den Sinn. Sie müsste jetzt irgendwo links sein. Und wirklich gesehen habe ich sie immer noch nicht.

Dunkel smaragdgrün schimmert der Plansee. Kleine sandige Badebuchten direkt neben der kurvigen Uferstraße sehen hell und verlockend aus. Einfach anhalten, ausziehen und reinspringen? Aber hab ich überhaupt ein Handtuch eingepackt? Und nicht, dass es zu spät wird. Schließlich steht mit dem Hahntennjoch noch der heutige Höhepunkt auf der To-drive-Liste. Von Breitenwang aus geht es mitten durch Reutte, wo dann das Lechtal schon ausgeschildert ist. Im warmen Nachmittagslicht changieren die Wasseradern in den Lechauen zwischen Weiß-Silbern und Türkis. Willi und sein „wunderbares Land" kommen mir wieder in den Sinn, während der kleine Einzylinder unter mir brummt wie eine aufgeregte Hummel. Ist dieses Geräusch laut? Kann ich nicht sagen. Nervig? Beim Beschleunigen sind hochdrehende Vierzylinder mit Sportschalldämpfer sicher nerviger. Im Lechtal fallen die vielen Hinweisschilder auf: Eine Motorradfahrer-Silhouette vor Gipfelpanorama, darüber mahnt in Dunkelorange „Bitte leise fahren ..." Im Sommer 2019 hat sich die Lärmdiskussion im Lechtal so weit zugespitzt, dass Mitglieder einer Bürgerinitiative die Zufahrt zum Hahntennjoch, das das Lechtal mit dem Inntal verbindet, einen Tag lang mit behördlicher Billigung blockiert haben. Sie fordern „Motorräder raus!" Andere wiederum leben von den Bikern, ein klassisches Dilemma. Und eine traumhafte Strecke, die natürlich Motorradfahrer von überallher anlockt. Darunter auch solche Idioten, wie den R1-Fahrer mit Garmischer Kennzeichen: Genau auf der Passhöhe, wo andere den Motor abstellen, den Helm abnehmen und ehrfürchtig schweigend den Blick über die steilen grünen Flanken und die scharf gezackten Spitzen der Lechtaler Alpen genießen, musste er sich mit einem Burnout im Asphalt verewigen. Motorräder raus? Nein, aber Hirn einschalten würde helfen. Auf allen Seiten.

Eine traumhafte Strecke, die auch Idioten anlockt

Weil es schon bald dunkel wird, ist auf der Ostflanke runter ins Inntal nichts mehr los. Mir fällt eine Gedenktafel auf und ein, dass ich hier schon vor Jahren mal anhalten wollte: null Verkehr, null Gefahr. Also jetzt oder nie, bremsen und rechts ran. Die Tafel ist dem Mineur gewidmet, der beim Heraussprengen der Straße aus dem Fels in den Fünfzigerjahren hier umgekommen war. Der wohl nördlichste aller hochalpinen Pässe hat von Anfang an sein Opfer gefordert. Von hier aus sind es zum Hotel drunten im Inntal noch gut 30 Minuten.

Etwas weniger als eine halbe Stunde dauert's am nächsten Morgen vom Hotel aus bis auf den Haimingerberg. Wie ein Balkon thront die Terrasse des „Gasthof Bergland" über dem wohl geschäftigsten Tal Tirols. Die Inntalautobahn, die es wie ein Lindwurm durchzieht, ist mit dem bloßen Auge von hier oben aus nur noch eine vage Ahnung. Statt des Brummens des Verkehrs sumsen auf den Wiesen ringsum bloß die Bienen. Und ab und zu eine KTM oder Kawasaki, deren Fahrer das schmale Asphaltbändchen den Haimingerberg hinauf oder hinunter genießt. „Ja, a paar Modorradler kemen immer her", erzählt die Wirtin vom Bergland, als sie den Kaffee raus in die Sonne bringt. Ehrlichen Kaffee, schwarz, mit ein bisschen Kondensmilch. Hier oben ist noch Macchiato- und WLAN-freie Zone. Aber der Pfefferkuchen schmeckt. „Und de Hirten von de Almen, die kemen auch no her", setzt die Bergland-Chefin in ihrem kehligen Tirolerisch dazu. Tatsächlich dau-

Anfahrt über die Westrampe aufs Hahntennjoch und Rosengartenschlucht in Imst

ert es nicht lang, und Einheimische setzen sich an den Nebentisch. Was dann auf der Terrasse des „Gasthof Bergland" getirolert wird, klingt auch für mich als Bayer fremd wie eine Tuareg-Sprache. Uriges Bergland. Fremdes Bergland. Der kleine Einzylinder schnurrt weiter munter den Haimingerberg hoch, durch Ochsengarten in Richtung Kühtaisattel. Jetzt im Spätsommer ist der Wintersportort – auch das gibt es hier – ein Stück hässliches Bergland. Wie Geschwüre aus Stahl und Zement krallen sich die Talstationen der Liftanlagen in den ehemaligen Weidegrund. Kühtai, der etwas exotisch anmutende Name, leitet sich offenbar ab von Kuhalm. Doch damit haben die verlassenen braunen Hotelwürfel nun so gar nichts zu tun. Mit ihren jetzt verwaisten Après-Ski-Discos wirken sie willkürlich und wahllos in die Wiese gesetzt. Auf der Straße trotten Kühe durch. Menschen sind fast keine zu sehen. Hier könnte man einen Endzeit-Thriller drehen, denke ich und gehe trotz (oder gerade wegen?) der „Biker's wellcome"-Schilder gar nicht erst vom Gas. Immerhin, die Strecke, die sich jetzt in mal mehr, mal weniger sanften Gefällen aus den Stubaier-Alpen wieder runter ins Inntal orientiert, bleibt traumhaft, ein Flash aus Kurven und Grün. Der aber auf der anderen Talseite abrupt endet.

Am Zirler Berg ist Stau. Doch von Innsbruck aus zurück nach Garmisch gibt's kaum eine Alternative zum steilen Nadelöhr mit seinem maximalen Gefälle von 16 Prozent. Wenn da so wie heute ein Traktor vorne dran ist, dann dauert es eben. Und Österreichs Polizei steht ganz gerne mal am Berg und schaut, was Transit-Urlauber und Motorradfahrer da so treiben.

Während der Urlaubsrückreise-Verkehr anschließend auf der langweilig ausgebauten Bundesstraße bleibt, lockt eine letzte Nebenstrecke auf dieser Runde: Entlang der Leutascher Ache schlängelt sich ein schattiges Landsträßchen am Bach entlang abwärts zurück nach Deutschland. Zum letzten Mal kommen mir Willi und die „bessere Hälfte" in den Sinn. Sein Vergleich zwischen Österreich und Deutschland ist in Bezug auf die Alpen durchaus berechtigt. Aber beim Fußball haben wir die Nase vorn. Und bei Motorradherstellern? Unter mir schnurrt die kleine BMW. Gedankenverloren geht's zurück durch Garmisch in Richtung Autobahn München. Und die Zugspitze? Ehrlich gesagt, ich habe vergessen, mich noch einmal nach ihr umzudrehen. Sie wird schon nicht weglaufen. Ich muss bald mal wiederkommen und nachsehen.

Das tiefe Grün des Plansees schimmert geheimnisvoll

INFO

TOURDAUER:
circa 5 Std. (ohne Pausen), **1,5 Tage** bei Einkehr mit Übernachtung

GEFAHRENE STRECKE:
260 km

ROADBOOK:

Von Deutschland aus kommend, startet das Roadbook dieser Runde nach dem Autobahnende der A 95 kurz vor Garmisch-Partenkirchen in Oberau. Freilich ist ein Runden- Start auch überall anders möglich.

1. **Von Oberau aus** geht es zunächst noch kurz in Richtung Garmisch, dann rechts circa sieben Kilometer bergauf über die B 23 bis zum Abzweig links (hier Biergarten Ettaler Mühle) Richtung Schloss Linderhof und Plansee. Nach rund 17 Kilometern geht es über die Grenze nach Tirol und kurvig am Plansee entlang bis Breitenwang und Reutte.

2. **In der Ortsmitte von Reutte** ist das Lechtal schon ausgeschildert. Am Kiesbett des Lech entlang geht es auf der B 198 zügig über 25 Kilometer nach Süden bis zum Abzweig hinter Elmen nach links auf das Hahntennjoch. Von hier geht es kurvig und durch kurze Tunnel bergauf, bis die Straße nach zehn Kilometern vor Boden erneut nach links in Richtung Hahntennjoch abzweigt. Von hier sind es noch fünf teils steile Kilometer mit Haarnadelkurven bis zur Passhöhe auf 1894 Metern.

3. **Über die Ostrampe** geht es für 14 Kilometer abwärts nach Imst. In Imst erst links, dann rechts und über einen Kreisverkehr immer Richtung Landeck ins Inntal. Hier der B 171 für 18 km folgen bis Zams. Das Hotel ist nach der Ortsmitte links.

4. **Von Zams durchs Inntal** über Imst zurück auf der B 171 und weiter bis zum Abzweig nach 30 km rechts auf den Haimingerberg („Gasthof Bergland" nach knapp drei km links). In Ochsengarten geht es nach zwölf Kilometern links aufs Kühtai.

5. **Bergab über Sellrain** nach Kematen, von hier erst der Ausschilderung Zirl und dann Garmisch folgen. Acht Kilometer nach dem steilen Zirler Berg geht es links über Seefeld/Süd, Neuleutasch und Weidach an der Leutascher Ache entlang waldig bergab zurück. Kurz nach der deutschen Grenze links durch Mittenwald sieben Kilometer nach Klais und hier auf der B 2 zurück nach Garmisch-Partenkirchen und Oberau.

FOTOSPOT

1: Hahntennjoch-Passhöhe mit atemberaubenden Ausblicken auf die hochalpinen Gipfel ringsum
2: Speichersee Längental kurz vor dem Kühtaisattel
3: Plansee und Lech-Auen mit geheimnisvoll dunkelgrün bis türkis schimmerndem Wasser

TOP-STRECKEN

Haimingerberg, kleines, wenig befahrenes Bergsträßchen, kurvig, aber nicht zu steil.
Hahntennjoch mit teils starkem Verkehr und Haarnadeln auf der Westrampe, anspruchsvoll (Tipp: abends fahren, aber nicht bei Dunkelheit).
Durch den Ammerwald und am Plansee vorbei, leicht kurvig und abwechslungsreich

DER BESONDERE TIPP

Die Rosengartenschlucht (Foto auf Seite xx) beginnt direkt in der Ortsmitte von Imst (Parken neben Johanneskirche). Die Schlucht ist auch in Motorradstiefeln in 5 Minuten zu Fuß erreichbar

Zum Karten und GPX-Daten Download
www.motorradonline.de/deutschealpen-zugspitzentour

DIE ZILLERTAL-TOUR

ALLES HAT EINEN GRUND

Eingebettet in einer spektakulären Naturwelt mit über 70 Dreitausendern verstecken sich im Zillertal mehrere große Stauseen. Doch es gibt mehr Gründe, die wunderschöne Ferienregion auf zwei Rädern zu durchforsten: zum Beispiel klasse Kurven.

TEXT: *Thorsten Dentges* **FOTOS:** *Arturo Rivas*

Traumhafte Tiroler Idylle an der abgeschiedenen Fischerhütte (großes Bild). Der Weg dorthin über die Schlegeis Alpenstraße (kleines Bild) kostet zwar Maut, ist aber eine Wucht – sofern zur richtigen Zeit und bei freier Fahrt

Diese Mauer! 131 Meter hoch, 750 Meter lang, ein Koloss aus geschwungenem Beton. Dahinter türmt sich ein noch eindrucksvolleres Massiv auf, das der Zillertaler Alpen. Bei der Anfahrt über die rund 15 Kilometer lange Schlegeis Alpenstraße kannst du sie sehen, du fährst direkt auf die Mauer zu, musst dich dann aber wieder auf die Fahrbahn und den Bremspunkt vor der Spitzkehre konzentrieren. Rein in die Eisen, Körpergewicht nach innen, Gas vorsichtig auf, und schon in der nächsten Kehre erahnst du erneut die Mauer mit peripherem Blick aus der Helmperspektive. Oben, auf immerhin fast 1800 Metern über dem Meeresspiegel, stellst du das Motorrad ab und zückst das Smartphone. Kamera an, klick. Und klick, klick, klick. Allein dafür haben sich Weg und recht freche zehn Euro Mautgebühr für Motorradfahrer gelohnt. Den 3509 Meter hohen Hochfeiler als höchsten Berg der Region auf den Sensor gebannt, das beinahe schon unwirklich türkisblau leuchtende Wasser des Speichersees im Vordergrund, weiße Schneemassen runden das Bild ab. Was für ein Platz! Patagonien, Island, Alaska – such erst mal was Vergleichbares und gar Schöneres. Du wirst dich schwertun. Die Dame vom Tourismusbüro hatte recht: Der Schlegeisspeicher ist sicherlich der spektakulärste der vier großen Stauseen im Zillertal. Und die Kurven gen Zamser Grund ganz am Ende dieses Urlaubsgebiets sind wohl mit die besten dort. Im Hochsommer am Wochenende verdichten sich jedoch die Touristenmassen, die riesigen Parkplatzflächen sind dann belegt und in den Hütten drängeln sich hungrige Ausflügler. Dann ist das Befahren der Alpenstraße auch trotz Einspur-Verkehrsleitung zäh und freudlos. Es sei denn, man steht bei der Mautstation als Motorradfahrer ganz vorn an der roten Ampel, wenn diese auf Grün schaltet. Dann kann man es laufen lassen und in umgekehrter Richtung vom stromerzeugenden Fließwasser aus dem Speicher hoch zur Mauerkrone in luftiger Höhe düsen.

TOUR 3

N 47° 7' 17.76 E 12° 2' 15.9936

Am Zillergrund – beschauliche Sackgasse abseits der Touristenströme

Alles abgespeichert: Unterhalb der Staumauer vom Zillergründl Speicher (Bild oben) lässt es sich betulich rasten, während am Schlegeisspeicher (unten) die Bogenmauer zu Action-Sport wie Steilwand-Klettern einlädt.

Die Krimmler Wasserfälle (unten) zählen zu den Top Ten von Österreichs Naturspektakeln. Kurz ein Selfie am Parkplatz, weiter geht die Fahrt. Auch aussichtsreich, aber eher unbekannt: die Gegend am Bruckerberg (oben).

Wochentags ist die Lage entspannter und ein Besuch des Speichersees unbedingt empfehlenswert wegen der außergewöhnlichen Melange aus Natur und gigantischem Technikwerk. 1965 begann man mit dem Bau der doppelt gekrümmten Bogengewichtsmauer, seinerzeit ein Mega-Bauprojekt, das erst sieben Jahre später fertiggestellt wurde. Das Sperrwerk ist eines von vieren im Zillertal und dient in erster Linie der Energiegewinnung. Neben seiner bedeutenden Rolle für die regionale Elektrizitätswirtschaft (maximale Leistung: 231 Megawatt) gilt es aber auch als touristischer Magnet. Das Angebot für Besucher ist atemberaubend, im wahrsten Sinne: Höhenängstliche sollten der Balustrade nicht zu nahetreten – beim Blick in den Abgrund bleibt einem die Luft weg. Genau das aber wollen Wagemutige, die sich auf Fun und Action an der Staumauer eingestellt haben: Abseilen, Freifall-Schaukel, Seilrutschen oder wie Spiderman an der Mauer auf dem extra angelegten Erlebnis-Klettersteig die 131 Höhenmeter bewältigen. Als Alternativprogramm zur Adrenalinausschüttung bieten sich Spaziergänge und Wanderungen in der ebenfalls atemberaubenden hochalpinen Natur an sowie die Einkehr in einer der umliegenden Hütten. So oder so: Gründe, das Ende dieser exquisiten Sackgasse anzufahren, gibt es reichlich.

Motorrad-Hotelwirt Mike hatte schon gewarnt, das Zillertal biete derart viele Ausflugsziele, dass man sich auf Tour zeitlich leicht verschätze. Auf der Übersichtskarte hatte er verschiedene Punkte und Strecken markiert, die sich lohnten. Und wenn man nicht ausschließlich im Sattel sitzenbleiben möchte, um möglichst schnell und effizient Kilometer um Kilometer abzuspulen, sei ein einziger Tag zum Erkunden des Haupttals und der fünf Seitentäler kaum ausreichend. In der Tat wird es nach der ausführlichen Visite des grandiosen Schlegeisspeichers nun zeitlich schon knapp, das geplante Restprogramm trotz überschaubarer Kilometerzahl noch zu „erledigen".

Mike – Motorrad-Aficionado, Zillertal-Aborigine und dementsprechend absoluter Kenner der Gegend – hatte als „Willkommensrunde" eine Fahrt zum Kerschbaumer Sattel vorgeschlagen. Über kleinste Asphaltbänder erklömme man auf zwei Rädern den Bruckerberg und überblicke von Norden aus das Zillertal. Eine kleine, äußerst feine Runde, die bei frischer Morgenluft wunderbar belebend wirke. Oder sich fürs perfekte Urlaubsfoto empfehle, wenn am Ende des Tages im Westen über den Tuxer Alpen die Sonne untergeht. Außerdem schrieb er noch die Fahrt zum Zillergrund auf den Zettel. Im Tourismusbüro in Schlitters indes empfiehlt man Motorradtouristen die Schlegeis Alpenstraße und unbedingt die Zillertaler Höhenstraße. Völlig zu Recht, denn auf mehr als 50 Kilometern schwingt man von einer Schräglage zur nächsten durch eine zauberhafte alpine Welt auf bis über 2000 Meter und bekommt dabei an unzähligen Stellen Panoramen serviert, dass es einem fast die Motorradschuhe auszieht. Bei der Durchschau von Infoprospekten und Tourkarten stößt man wiederum auf Hintertuxer Gletscher, Gerlospass und Durlaßboden. Aber eigentlich ist es egal, wie man letztlich diese einzelnen Tourmodule zu einer für sich passenden Route anordnet – überall schön dort.

Im Haupttal hingegen ist es fad für Motorradfahrer. Der Ziller fließt über 30 Kilometer durch die breite Ebene, links und rechts Ortschaften, viel Verkehr,

Das Zillertal biete derart viele Ausflugsziele, dass ein einziger Tag kaum ausreicht.

Ein außergewöhnlicher Ausflug ist die Bergfahrt zum Hintertuxer Gletscher – inklusive Natur. Mehr dazu auf Seite 49.

dichte Besiedelung und ein bunter Schilderwald, der auf ein überbordendes touristisches Angebot hinweist. Welches sich jedoch eher an Skifahrer und Familienurlauber richtet, die den Großteil der jährlich über eine Million Besucher des Tals ausmachen. Um die Landesstraße 169 kommt man aber kaum herum und sollte sie ohne Erwartungen an Fahrerlebnis oder gar -spaß einfach nur hinnehmen. Wie ein langer Korridor führt das Haupttal zu den einzelnen, für Motorradfahrer wesentlich spannenderen Räumen, den Seitentälern und Höhenlagen. Aber mit Zeit im Gepäck lässt sich Anregendes auch abseits vom Motorrad unternehmen, etwa beim Wandern, auf Touren mit einem Leih-E-Bike oder zum Beispiel beim Besuch der Schaubrennerei Stiegenhaushof in Schwendau, wo neben wunderbaren Kräuterschnäpsen und Edelbränden überraschenderweise auch ein erstklassiger Rum kredenzt wird. Der erste und einzige des Zillertals – geht runter wie Öl!

Ebenfalls für viele eine Überraschung: Wenn mitten im Hochsommer bei Taltemperaturen von über 30 Grad oben auf dem Hintertuxer Gletscher im einzigen Ganzjahres-Skigebiet Österreichs zahlreiche Profisportler und andere Schnee-Freaks auf Brettern und Boards steile Pisten hinabsausen. Oder man erkundet auch dort in 3000 Metern Höhe die fantastische Eishöhle (siehe Impressionen-Bild Seite 8/9). Es gibt also genug zu tun, wenn man tatsächlich das ganze Zillertal touristisch erobern möchte. Tipp: statt durchs Gebiet zu hetzen, lieber einen Tag dranhängen und die Tour im Wellnessbereich des Hotels unterbrechen. Genau genommen findet man auch anderswo problemlos einen guten Grund für einen verfrühten „Feierabend".

Durch den Zillergrund führt ab Brandberg ein pittoreskes Sträßchen durch die Schlucht. Wenige Mountainbiker, noch weniger Motorradfahrer und fast keine Autos sind in dieser Sackgasse unterwegs. Der Grund endet an der Staumauer zum Speicher Zillergründl. Wieder eine spannende Symbiose aus Natur und Technik, auf die du direkt zusteuerst. Dieser Mauer kommst du nicht so nah wie beim Schlegeisspeicher; es sei denn, du parkst und schnürst die Wanderstiefel. Eher Lust auf Müßiggang? Dann leg dich in die Sonne, klemm dir ein Blümchen zwischen die Zähne und mach statt Powerslide lieber einen Power Nap. Oder gönn dir ein Stück hausgemachten Kuchen an der Jausenstation und freue dich auf einen kurvenreichen Rückweg. Grund zur Freude gibt es im Zillertal genug.

N 47°17'35.7756 E 11°49'50.0304

Locker-flockig auf der Zillertaler Höhenstraße entlangwedeln

INFO

TOURDAUER:

circa 9–10 Stunden (mit nur kurzen Stopps), **1,5 Tage** (bei entspannter Fahrt und der Option, den Hintertuxer Gletscher als Exkursion einzubauen)

GEFAHRENE STRECKE:

275 km

ROADBOOK:

Die zu Stoßzeiten überfüllte und wenig attraktive Talstraße 169 gilt als notwendiges Übel auf dieser Tour, um zu den wirklich schönen Routenabschnitten zu gelangen. Zum Beispiel: Zillertaler Höhenstraße, Gerlospass, Schlegeisspeicher, Zillergrund. Denn mit jedem Höhenmeter steigt auch die Stimmung beim Fahrer, wenn sich Kurve an Kurve und ein schöner Blick runter ins Tal an den anderen reiht.

1. **Optimaler Treff- und Startpunkt:** Büro von Zillertal Tourismus (Karten- und Infomaterial) in Schlitters. Von dort zur prima „Willkommens-Runde" über verwinkelte, kleine Asphaltbänder hoch zum Kerschbaumer Sattel (super Blick ins Zillertal) und danach durchs eng bebaute Tal bis Ried. Beschilderung folgen zur Zillertaler Höhenstraße (Maut) und erneut in traumhafte Alpenwelt eintauchen. Rast und schöne Aussicht möglich bei den Berghütten, weiter auf Höhenstraße bis Jausenstation Melchboden (2020 m), schließlich bergab nach Hippach im Haupttal.

2. **Den gut ausgebauten** und je nach Verkehrsaufkommen flüssig zu fahrenden Gerlospass (1507 m) ansteuern, Richtung Krimmler Wasserfälle von Hauptroute abbiegen, bei Wald im Pinzgau umdrehen und über Speicher Durlaßboden (am Ende der Straße super Bergkulisse!) zurück über Gerlospass nach Zell am Ziller. Südwärts vorbei an Mayrhofen – optional: hier die Tour vorläufig beenden und Exkursion zum Hintertuxer Gletscher/Natur Eis Palast einbauen.

3. **Hinter Ginzling** durch pittoreske Schlucht bis Mautstation Schlegeis Alpenstraße (einspurig, 800 Höhenmeter bis Staumauer, spaßige Strecke). Am imposanten Schlegeisspeicher Wahnsinns-Alpenblick sowie gute Rast-, Erlebnis- und Einkehrmöglichkeiten: z. B. Stauwandklettern, Seilbahn-Action, Fischerhütte. Zurück auf die 169 bis kurz vor Mayrhofen.

4. **Richtung Brandberg halten** und Zillergrund (Mautstraße) nach Osten folgen. Kurz hinter der Bärenbadalm (gut für Kaffee & Kuchen) endet die Route vor einer Schranke, guter Blick auf Staumauer vom Zillergründl Speicher. Umdrehen, nach Mayrhofen und auf der 169 nach Norden durchs Zillertal die Tour locker ausrollen lassen.

FOTOSPOT

1: Auf und an der Staumauer vom Schlegeisspeicher ergeben sich unzählige Möglichkeiten, die Kamera heiß laufen zu lassen.
2: Ebenso auf der Zillertaler Höhenstraße, wo sich ein Panorama ans andere reiht und das ganze Haupttal bestens einsehbar ist.
3: Auch schön: Blick von unten auf den Zillergründl Speicher

TOP-STRECKEN

Zwar keine schnelle Strecke, weil eng und oft unübersichtlich, aber 50 Kilometer Kurven und Kehren auf der Zillertaler Höhenstraße. Kurzen, knackigen Fahrspaß kann die einspurige Schlegeis Alpenstraße bieten. Wermutstropfen bei beiden Topstrecken: Man muss dafür blechen, weil Mautstraßen.

DER BESONDERE TIPP

Ein extraordinärer Ausflug ist die Bergfahrt zum Hintertuxer Gletscher inklusive Natur Eis Palast (www.natureispalast.info). Für Gondelfahrten und Besuch der Eishöhle sollte man aber mindestens 3,5 Std. ab Talstation einplanen.

HIGHLIGHTS: siehe Karte

Zum Karten und GPX-Daten Download
www.motorradonline.de/tirol-zillertal

TOUR 4

DIE ÖTZTALER-ALPEN-TOUR

EIN HOCH AUF DIE STICHTÄLER

Zwei kurvig-alpine Sackgassen ohne Durchgangsverkehr, das bedeutet beim Hin und Zurück doppelte Freude.

TEXT UND FOTOS: *KLAUS H. DAAMS*

53
km/h

Riffler Bach an der Kaunertaler Gletscherstraße (oben), Kurven an der Pillerhöhe (unten).

Wohlverdiente Pause im Alpengasthof Lüsens: bunter Salatteller, serviert von Thomas, dem besten Kellner der Welt.

Schon der griechische Philosoph Heraklit wusste: „Panta rhei – alles fließt, nie steigst du zweimal in denselben Fluss." Weil, logo und je nach Interpretation, sich entweder der Fluss oder auch du selbst dich immer wieder veränderst. Was natürlich ebenso für die als Sackgassen endenden Tiroler Täler gilt, Stichwort Perspektivwechsel auf dem Rückweg; ganz zu schweigen davon, wenn du zum wiederholten Mal hier unterwegs bist. Wie etwa der Kollege, der schon 700(!) Übernachtungen beim rührigen „Ötzirider" Jürgen Parth, Wirt vom Motorradhotel Post in Sautens, auf dem Konto hat. Dort bin ich an diesem Montagmorgen mit Kurt Kirschner aus dem nahen Prutz verabredet, der als Betreiber der Internetseite www.kurveneldorado.com hier Hinz und Kunz sowie Berg und Tal bestens kennt und – nicht immer musst du mit demselben Motorrad fahren – seine fette 2004er-Honda-Varadero beim Verleiher Road Trip 78 in Ötztal Bahnhof gegen eine flink- fesche Yamaha MT-07 getauscht hat.

Statt nun von Sautens via Sölden rund 60 Kilometer durchs, sorry, fahrerisch eher öde Ötztal zu ötteln – okay, zur Belohnung wartet am Ende das Timmelsjoch –, starten wir über die 171 Richtung Imst und Landeck, bis es in Arzl ins Pitztal geht. „Alles so schön grün hier an den Hängen", freut sich der aus dem gar nicht so grauen Ruhrpott angereiste Autor, grinst über so lustige Namen wie Chaos Pub und Bieracker. Dann am Abzweig rechts in Wenns zur Einstimmung sagt Kurt: „Jetzt geht's gemütlich rauf zur Pillerhöhe." Gemütlich? Das diktiert die Gashand, wenn sie über Trab oder Galopp entscheidet auf dem kurvigen Geläuf zum 1559 Meter hohen Piller Sattel. Kurz vor der Passhöhe noch nicht rechts hinunter ins Kaunertal, sondern weiter geradeaus bis zum Gacher Blick vis-à-vis vom Naturparkhaus Kaunergrat. Boah ey, was für ein Bergpanorama. Wahlweise zu goutieren von einer kleinen Parkbucht oder von einer kühn ins luftige Nichts ragenden Aussichtsrampe. Tief unten der Inn, ein Band aus grandiosem Grün: RAL 6033, Minttürkis. Frisches Asphaltgrau unter den bei der schwungvollen Abfahrt permanent den Neigungswinkel wechselnden Reifen, ehe die Motorräder in Kauns links auf die Kaunertaler Gletscherstraße einschwenken.

„Stairway to Heaven, 26 Kilometer lang, 29 Kehren geil, die 14 Euro Maut wert. Eine Panoramastraße von 1273 auf 2750 Meter Höhe, durch alle Vegetationsstufen der Alpen. Unten Blaubeerteppiche, oben Geröllwüste, dazwischen Gepatsch-Stausee und Zirbenwald. So schön können Sackgassen sein. Weniger schön zu sehen: An der vergletscherten Weißseespitze schmilzt das gar nicht so ewige Eis rapide. Wem die Luft am Gletscher-Restaurant Weißsee noch nicht dünn genug ist, kann sich in der Karlesjochbahn bis auf 3108 Meter hochschaukeln und dort an der Aussichtsplattform Dreiländerblick A-I-CH den Atem rauben lassen." Schrieb ich vor zwei Jahren. Es gilt noch heute. Was sich seitdem verändert hat? Die Maut wurde um einen Euro angehoben, in den Kehren hat man die 29 blauen Nummerntafeln durch nun beige- blaue ersetzt und außerdem eine zweite Kabinenbahn gebaut, die windstabile, bis auf 3113 Meter emporschwebende Falginjochbahn. Nach wie vor eine Perle der Natur: der Weißsee zwischen Kehre 5 und 6, eingebettet ins felsig-schroffe Drumherum wie ein Edelstein! So unbeschreiblich leuchtend blau-grün-türkis, dass allenfalls RAL 5025, Perlenzian, etwas weiterhilft. Und zum Pfitscheln dort nehme man am besten die flachen Steine vom Inn, denn die „hüpfen bis zu 20-mal", weiß Kurt. Und natürlich auch, dass glasklares Wasser aus Gebirgsbächen wie dem Riffler Bach besser ist als industriell abgefülltes Mineralwasser in PET-Flaschen.

Wie im Himmel: Die Sonne malt lange Schatten auf die Kaunertaler Gletscherstraße.

Inzwischen malt die Sonne lange Schatten auf die Kaunertaler Gletscherstraße, streift den Bergen ihr güldenes Abendkleid über. Der Ausflugsverkehr ist abgeebbt, sodass wir das Schlängelsträßchen entlang des Gepatsch-Stausees nun für uns alleine haben. Dann in Kauns wieder rechts hoch und vorbei an der imposanten Burg Berneck zum Piller Sattel, weiter geradeaus bis Prutz, dort rechts auf die 180 gen Landeck und in Fließ rechts ab, zickzackig Richtung Pitztal und Wenns. In der Eile soll übrigens schon mancher das vorbeifliegende Schild zur Gogles Alm mit dem Hinweis auf eine im Wald versteckte Dependance des Suchmaschinen-Riesen verwechselt haben.

Zurück beim Ötzirider in Sautens kann, wer früh gestartet ist, gleich weiterfahren – oder verschiebt das eben auf den nächsten Tag. So oder so, auf zur zweiten Runde! Von Ötztal Bahnhof die 171 Richtung Telfs, nach dem Oilers 69, einem stylischen Laden im Stil eines typischen US-Roadhouses inklusive fotogen rostiger Ami- Schlitten, im Kreisverkehr rechts ab und hoch gen Haimingerberg. Oh, wie ist das schön – besonders für jene, die so was nicht vor der eigenen Haustür haben und mit Schmackes gleich die erste Serpentine hochschraddeln durch diese wunderbare Wald- und-Wiesen-Welt.

TOUR 4

Aussichtspunkt Gacher Blick, tief unten fließt der Inn (oben), das Fahren auf der Kaunertaler Gletscherstraße ist Erlebnis pur (unten).

N47°21'39.000 E11°02'46.0000

Ganz große Gefühle am Kühtaisattel

Ein verlockender Farbfleck im grauweißen Ski-Resort: Der Kühtaier Dorfstadl.

Schwupp über die Passhöhe am 1690 Meter hohen Silzer Sattel, dabei unterwegs Bekanntschaft mit frei laufenden Pferden, die zutraulich das Motorrad beknabbern, und dann nach 1000 Höhenmetern wieder schwungvoll hinab ins Nedertal. In Ochsengarten links Richtung Kühtai. Auch klasse zu fahren und offenbar Trainingsstrecke für Rennradfahrer jedweder Alters- wie Leistungsklasse. „Bergankunft" fast wie bei der Tour de France in Alpe d'Huez dann in Kühtai, einem 2020 Meter hoch gelegenen, ganz auf Wintersport eingestellten Ort; dessen Infrastruktur im Sommer ohne weißes Deckmäntelchen doch recht gräulich wirkt. Farbe ins Spiel bringt der Kühtaier Dorfstadl mit seiner quietschbunten Kuh vor der Tür dieses gastlichen Hotspots für Skiläufer, Wanderer und auch Motorradfahrer; noch schöner wird es, als die hübscheste Kellnerin des Dorfstadls für ein Foto post.

Für Naturschützer gar nicht schön: Der Bau eines neuen Pumpspeicherkraftwerks bei Kühtai im Längental, wodurch zwar reichlich Strom gewonnen wird, zugleich aber ein bis dato unberührtes Hochtal verloren geht und sechs alpine Bäche für immer abgeleitet werden. Pro und Kontra auch beim Thema erneuerbare Energie. Wären unsere Motorräder elektrisch angetrieben, würden sie jetzt fleißig rekuperieren, bei der rund 800 Höhenmeter plattmachenden Abfahrt von Kühtai durchs Sellraintal nach Gries; dort rechts ab ins zehn Kilometer lange, sehr schnuckelige Lüsenstal. So man nicht am Steilhang schweißtreibend Heu machen muss. Silbrig glitzernd schlängelt sich die Melach durch die Botanik, in schönster Symbiose anhänglich begleitet vom schmalen Asphaltwurm. Ende Gelände – oder Anfang einer Bergwanderung – am Alpengasthof Lüsens. Pause auf der Sonnenterrasse mit Blick zum Lüsenser Fernerkogel am Talabschluss sowie, ganz nah, auf einen bunten Salatteller, serviert von einem schlagfertigen Kellner. „Ich bin Thomas der Erste, der Letzte und der Beste." Welches das „beste" Stichtal ist, das Kaunertal oder das Lüsenstal, darüber mag jeder selbst grübeln. Etwa bei der Schluss- etappe via Kematen und Seefeld, Leutasch und Telfs, Mieming und Mötz zurück nach Ötztal Bahnhof. Wo Kurt wieder umsteigt auf seine Varadero, benannt nach einem kubanischen Strandurlaubsziel. Doch bevor wir in die Karibik fliegen, geht's wohl eher noch mehrmals in die Tiroler Täler. Sehr gerne sogar!

Blick auf den Weißsee an der famosen Kaunertaler Gletscherstraße. Das Fahren bedeutet hier Erlebnis pur.

INFO

TOURDAUER:

circa 7 Stunden (reine Fahrzeit),
2 Tage bei Einkehr mit Übernachtung

GEFAHRENE STRECKE:

295 km

ROADBOOK:

Im Zentrum dieser Tour stehen zwei Seitentäler, überaus reizvolle Alternativen zum breiten Ötztal und dem Timmelsjoch.

1. **Startpunkt ist Sautens** am Anfang des Ötztals. Über Ötztal Bahnhof und die 171 Richtung Landeck, in Arzl dann Abzweig ins Pitztal, etwas später in Wenns rechts ab zur Pillerhöhe. Hier folgt die erste Bergsonderprüfung.

2. **Vorbei am Aussichtspunkt Gacher Blick,** wieder kurvig hinab bis Kauns und dort links Richtung Kaunertaler Gletscherstraße. Nach der beeindruckenden Burg Berneck noch mal links – und dann ist sie bald erreicht:

3. **Die Kaunertaler Gletscherstraße!** 15 Euro Maut, die sich lohnen; von 1273 auf 2750 Meter, von der Almwiese bis zum ewigen (?) Eis. 26 Kilometer, 29 Kehren – alles mal zwei, da es am Ende nur per Seilbahn weitergeht. Zurück nach Sautens wieder über die Pillerhöhe, Einstieg zur Auffahrt diesmal nicht via Kauns, sondern via Fließ an der 180 gen Landeck.

4. **Teil zwei:** Von Sautens und Ötztal Bahnhof die 171 Richtung Telfs, nach dem stylischen Roadhouse Oilers 69 rechts ab und auf einer erneuten Bergsonderprüfung über Haimingerberg und den Silzer Sattel bis Ochsengarten; dort links und durchs Nedertal hoch nach Kühtai, Boxenstopp beim Dorfstadl.

5. **Weiter geradeaus durchs Sellraintal bis Gries** und dort am Gasthof Almwirt rechts ab ins liebliche Lüsenstal; als Endstation und Einkehrmöglichkeit der Alpengasthof Lüsenstal.

6. **Zurück nach Sautens** ist am schönsten wie auf der Hinfahrt zum Lüsenstal, die Route nördlich der A 12 via Telfs fahrerisch nicht ganz so prickelnd, dafür bieten Orte wie Seefeld in Tirol aber auch etwas Kultur und städtisches Flair.

FOTOSPOT

1: Mehrere Serpentinen auf der Kaunertaler Gletscherstraße, wo sich das Motiv „Motorrad fährt vor genialem Bergpanorama durch eine Kurve" mehrfach wiederholt.
2: Der Aussichtspunkt Gacher Blick, unterhalb dessen sich das Bild mit dem türkisfarbenen Inn ausbreitet.

TOP-STRECKEN

Die beiden Bergstrecken von Kauns und Fließ zur Pillerhöhe. Und natürlich, trotz Tempo 50 im unteren Teil, die 26 Kilometer lange Achterbahn der Kaunertaler Gletscherstraße.

DER BESONDERE TIPP

Road Trip 78 in Ötztal Bahnhof mit seiner gut sortierten Palette an Mietmotorrädern ermöglicht es, im Urlaub probehalber auch mal „fremdzufahren". www.roadtrip78.at

HIGHLIGHTS: siehe Karte

Zum Karten und GPX-Daten Download
www.motorradonline.de/tirol-oetztaleralpen

SLOWENIEN

SLOWENISCHE ALPEN

SCHÖN AM RANDE

Zwar ist Slowenien nur halb so groß wie die Schweiz, doch motorradtaugliche Strecken – die meisten davon weder überfüllt noch überreglementiert – findest du auch im Südosten der Alpen fast im Überfluss. Hier die Top Ten.

TEXT UND **FOTOS:** *KLAUS H. DAAMS*

Kurven vom Feinsten: Bilderbuchsträßchen bei Bohinjska Bistrica.

Wäre der Himmel über Nova Gorica nicht so unglaublich blau, könnte man es für ein Sommergewitter halten, das nahende Donnergrollen. Es sind die Kawasaki Vulcan von Božo und Felix, auf denen mir die beiden Freunde die schönsten Motorradstrecken der slowenischen Alpen zeigen wollen. Schnell ist eine Liste der Top Ten erstellt – und schon trollt sich das Grollen wieder.

Als Erstes steuern wir die Weinroute rund um Kojsko an, immerhin Platz drei der Liste. Sie führt durchs sanft gewellte Hügel- und Rebenmeer Goriška Brda. Die beste Aussicht bietet ein Turm bei Gonjace, doch statt da hinaufzuschwitzen, bringen wir lieber in den Serpentinen gen Plave die Reifenflanken auf Temperatur. Abkühlung verspricht die Soca, Sloweniens ungekrönte Flussprinzessin. Kristallklar und unfassbar grün windet sich die Schöne durchs Land,begleitet von der sogenannten Smaragdstraße, die im Abschnitt bei Tolmin auf Platz vier unserer Top Ten rangiert. Ganz tief taucht ein, wer sich bei Most na Soci aus etwa zehn Metern Höhe von einer Brücke tollkühn in die Fluten stürzt.

Doch noch eine Gewitterfront? Nein, es sind keine dunklen Wolkengebilde, die sich über dem Soca-Tal bei Srpenica auftürmen, sondern die Bergketten der Julischen Alpen. Höchster Gipfel des schroffen Gebirges, wie auch von ganz Slowenien, ist mit 2864 Metern der Triglav (Dreikopf). Im touristischen Zentrum, dem kleinen Bovec, finden wir mit dem „Alp Hotel" ein kommodes Nachtquartier.

„Im Frühtau zu Berge wir fahr'n, fallera" – vorbei an der im 15. Jahrhundert zur Abwehr der Türken errichteten Festung Kluže durch die Schlucht Koritnica Richtung Predil- Pass. Kurz vor der Grenze

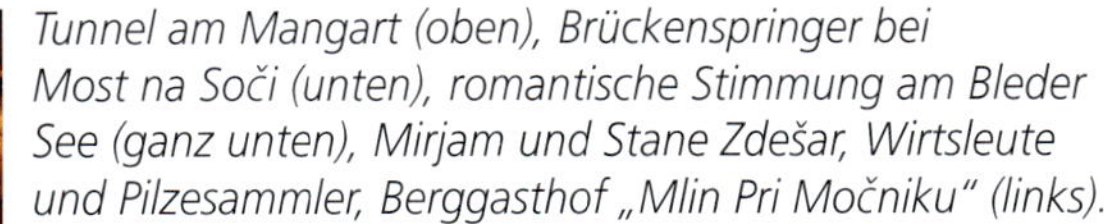

Tunnel am Mangart (oben), Brückenspringer bei Most na Soči (unten), romantische Stimmung am Bleder See (ganz unten), Mirjam und Stane Zdešar, Wirtsleute und Pilzesammler, Berggasthof „Mlin Pri Močniku" (links).

zu Italien rechts ab, und es beginnt die Panoramastraße zum 2055 Meter hohen Mangartsattel, unangefochtene Nummer eins der Top Ten. Das ehemalige Militärsträßchen war zu jugoslawischen Zeiten ein geschottertes Schmankerl, heute ist die kühn angelegte, zwölf Kilometer lange Strecke durchweg asphaltiert und damit auch für Božos fette 1500er-Vulcan kein Problem.
„Volle Kraft voraus" zum Vršicˇ-Pass, Nummer zwei der Liste. Bis zur 1611 Meter hohen Passhöhe sind es von Süden 27 gut ausgebaute Kehren, von Norden deren 24, einige davon noch mit altem Kopfsteinpflaster.
Wären die Vulcans Enduros, würde ihnen sicher auch die Waldpiste schmecken, die von Mojstrana aus durchs Vrata-Tal führt. Doch was Božo auf Platz fünf gesetzt hatte, entpuppt sich als holprige Offroad-Orgie, die wir nach sieben Kilometern am Pericnik-Wasserfall beenden. Ähnlich die Verhältnisse von Mojstrana nach Bled, weshalb Rang sechs nachträglich ans zuvor schon angetestete Lepena-Tal fällt.

Fotostopp in Bled, Luftkurort mit einer Bilderbuchkulisse aus „Kirchlein auf einer Insel im See vor der Kette der Karawanken", dann gleich zum nächsten See, dem Bohinjsko jezero. Auf der Anfahrt via Koprivnik ein Schild extra für Motorradfahrer: „Vozite previdno! Drive carefully! 15 km". Aber selbst im Blümchenpflückmodus hat das kurvige Band was: idyllische Panoramen wie im Allgäu, riesige Trockengestelle wie in einem Manhattan aus Heu und zum Abschluss der die Berge spiegelnde See – Platz sieben ist da mehr als verdient.
Nach so viel Natur nun zur Abwechslung etwas Stadt, das über 1000 Jahre alte Škofja Loka. Schon die Anfahrt zu dem mittelalterlichen Kleinod verdient ein Prädikat, besonders der mit saftigen Kurven und Serpentinen gespickte Abschnitt von Bohinjska Bistrica bis Sorica ist mit Rang acht sogar eher unterbewertet. Da freut es Felix fast, dass die gechoppte 800er-Vulcan über Nacht von der tückischen Reglerkrankheit befallen wurde und er auf das Zweitfahrzeug mit mehr Schräglagenfreiheit für etwa den Crnivec-Pass umsatteln musste, eine 600er Fazer. Nur schade für den Fan von Kiss und Metallica, dass damit auch seine orangefarbenen New-Rock-Stiefel mit Plateausohle Feierabend haben. Ab heute aber mit von der Partie: Claudia und ihre blaue Vulcan 900.

> Idyllische Panoramen wie im Allgäu, riesige Trockengestelle wie in einem Manhattan aus Heu

Durchs mal liebliche, mal wildromantische Tal der Savinja erreicht unser Quartett den Landschaftspark Logarska Dolina. Dafür, dass die den Park erschließende Stichstraße fahrerisch kein Hit ist, entschädigt danach der auf Rang neun gesetzte Paulitschsattel voll und ganz. Das Gleiche gilt für Platz zehn, den Seebergsattel, der uns nach einer Stippvisite in Österreich wieder flott zurück nach Slowenien bringt. Fazit: Auf der südöstlichen Sonnenseite der Alpen herrscht an Motorradstrecken wahrlich kein Mangel, wobei deren Rangfolge im Text aber bitte nicht so sklavisch eng zu sehen ist, sondern eher slowenisch locker.

INFO

TOURDAUER:
circa 15 Stunden (reine Fahrzeit), **3–4 Tage** je nach Dauer und Frequenz von Foto- und anderen Stopps

GEFAHRENE STRECKE:
550 km

ROADBOOK:
Mag Slowenien im Reigen der Alpenländer auch eher als Mauerblümchen gelten, so ist es tatsächlich umso spannender, dessen verborgene Reize rund um Mangart und Co. zu entdecken.

1. **Von Nova Gorica** nicht ins Spielcasino, dieses „Las Vegas von Slowenien", sondern zum Warmfahren eine Runde durchs Weinbaugebiet bei Kojsko, anschließend der smaragdgrünen Soča folgend bis

Zum Karten und GPX-Daten Download
www.motorradonline.de/tour-10-slowenischealpen

Tolmin; ab dort geradewegs auf der 102 – oder parallel dazu extrem kurvig über die 753 und 605 via Livek – bis Kobarid und weiter entlang der Soča nach Bovec.

2. **Von Bovec erst Richtung Predil-Pass** und vor der Grenze nach Italien rechts ab auf die Mangartstraße. Mamma Mia, das alte Militärsträßchen, inzwischen asphaltiert, ist ein Volltreffer – und, da Stichstraße, gleich zweimal zu befahren. Bis 51 zählen kannst du dann am Vršič-Pass, kehrenreichste Straße Sloweniens mit Blick auf den höchsten Berg des Landes, den Triglav alias Dreikopf.

3. **Verschnaufpause** im Wintersportort Kranjska Gora, nicht aber danach im Vrata-Tal für die Federbeine. Zu ackern haben auch die Prozessoren beim Verarbeiten und Speichern all der Bilder vom malerischen Bled. Augen auf heißt es ebenfalls bei der kurvenreichen Anfahrt zum nächsten See, dem Bohinjsko jezero.

4. **Erst angasen,** dann anschauen – auf der Achterbahn via Bohinjska Bistrica und Sorica ins hübsche Škofja Loka, viel zu schade eigentlich, um in dem von der Sora umschlungenen Städtchen nicht mal etwas länger vor Anker zu gehen.

5. **Nach Soča und Sora** dritte im flüssigen Bunde ist die schöne Savinja, die dich ab Luče auf der 428 begleitet, ein fast chilliges Vergnügen verglichen mit dem Pulsbeschleuniger zuvor, dem Gezacke des Geläufs am Črnivec-Pass.

6. **Die letzte Chance auf Ruhe** vor dem finalen Pässe-Sturm bietet der Landschaftspark Logarska Dolina und dann Schlussspurt über Paulitschsattel und Seebergsattel.

FOTOSPOT

1: Postkartentauglich ist in Bled das Ensemble aus kleiner Insel mit Barockkirchlein im See und hoch überm Ufer auf einem Felsen thronender Burg.
2: Auch ohne Photoshop oder Instagram-Filter gelingen Bilder mit unglaublich smaragdgrünem Wasser im Tal der Soča.

TOP-STRECKEN

Die Mangartstraße führt auf abenteuerlicher Trasse zum höchsten legal anfahrbaren Punkt der Julischen Alpen und entschädigt durch die grandiose Aussicht von der Lahnscharte (2055 Meter) für fünf unbeleuchtete Tunnel zuvor. Mit 51 Kehren, immerhin drei mehr als die Südrampe des Stilfser Jochs, dazu einige kopfsteingepflastert, punktet der 1611 Meter hohe Vršič-Pass.

DER BESONDERE TIPP

Kein Auge trocken und kein Nerv ungekitzelt bleibt bei Rafting-Touren auf der Soča, wie sie in Bovec beispielsweise „natures ways", „HydroMania" oder „Soča Rafting" anbieten.
www.econaturesways.com,
www.hydromania.si,
www.socarafting.si

HIGHLIGHTS: siehe Karte

RUND UM BOVEC, MANGART UND VRŠIČ-PASS

DIE PROMIRUNDE

Motorradfahren in Slowenien?
Immer wieder gerne – besonders, wenn es hoch zum Mangart und über den Vršic-Pass geht, den beiden prominentesten wie zugleich auch höchsten Bergstrecken der Julischen Alpen.

TEXT: *Dirk Schäfer* **FOTOS:** *Klaus H. Daams*

30
ROAD
SOS

Mautkassiererin an der Zufahrt zu den Laghi di Fusine, nahe der Grenze zwischen Italien und Slowenien.

Ach, wären die Leute doch alle nach Malle geflogen – statt an diesem Sonntagnachmittag Anfang September jetzt die Autobahn zu verstopfen auf dem Weg in den Süden. Erst in Österreich Richtung Villach lichten sich die blechernen Reihen; tröstlich, ausnahmsweise, auch das Tempolimit der Alpenrepublik, wodurch die Differenz zwischen erlaubter und erstandener Durchschnittsgeschwindigkeit doch etwas sinkt. Außerdem steigt die Vorfreude. Auf Slowenien im Allgemeinen, im Besonderen auf Mangart und Vršič-Pass, quasi die Spitzen eines wahren Motorradsträßchenberges. Dort, in den Julischen Alpen, kann dir dann ganz warm werden ums Bikerherz. Den Reifen um ihre viel zitierten Flanken ebenso.

Kaum runter von der Bahn in Tarvisio und für die letzte Etappe der Anreise durch Italien auf der SS 54 unterwegs, ballern Panigale und Co. im Tiefflug um die Kurven, dass die Ohrstöpsel Purzelbäume schlagen. Am smaragdgrünen Lago del Predil, auch die Netzhaut bekommt was geboten, links ab und flüssig-serpentinig hoch zum Predil-Pass, der zugleich Grenze zwischen Italien und Slowenien ist und in weniger friedlichen Zeiten von großer strategischer Bedeutung war. Daran erinnern noch einige Festungsanlagen sowie das Löwendenkmal, errichtet für den österreichischen Ingenieur-Hauptmann Johann Hermann von Hermannsdorf, gefallen 1809 im Kampf gegen die eroberungswütigen Truppen Napoleons. Times are changing. Allenfalls der „Kampf" um einen freien Parkplatz gleich vorm Eingang des Hotels „Alp" in Bovec könnte jetzt die Gemüter erregen. Doch einträchtig wie Zinnsoldaten stehen sie nebeneinander, GS und Africa Twin, RT, FJR und die ganze Reisemopedschar. Klares Indiz dafür, Kräder lügen nicht, dass es in der Nähe tatsächlich einen ganzen Berg voller Motorradsträßchen geben muss. Auf der großen Sommerterrasse schnell noch leckere Forellen verputzt und dann flugs die Nachtruhe genutzt, mal ohne „Anne Will", aber gespannt auf den morgigen Thrill.

N46°25'15.0564 E13°34'14.484

Erst die Serpentine am Lago del Predil (Raibler See), dann weiter windungsreich zum Predil-Pass

Vielversprechende Wegweiser im Zentrum von Tarvisio (oben). Die slowenischen Bergstraßen sind häufig feiner Motorradgenuss, gerne mit abenteuerlicher Note gewürzt (unten).

Viel zu schauen, viel zu fahren: Most na Soči, Brücke über die Soča (oben) und die herrlich kurven- und panoramareiche Mangartstraße (rechts).

Frühstück um 7 Uhr. Klaus und ich sind nicht alleine am gut gefüllten Büfett, bunte Funktionskleidung und robustes Schuhwerk ebenfalls schon am Start; Leder und Gore-Tex dagegen rollen das Feld eher von hinten auf an diesem Hitze versprechenden Tag. „Im Frühtau zu Berge, wir ziehn, fallera, es grünen alle Wälder, alle Höh'n, fallera. Wir wandern ohne Sorgen …" Okay, auch wenn das fröhliche Wanderlied beim Warmfahren durch die morgentaufrischen Wiesen des Triglav-Nationalparkes eigentlich passt wie die Drehmomentfaust des bulligen Boxers aufs Hinterrad der R 1250 R: Spätestens am düster klotzigen Fort Kluže ist kurz Schluss mit lustig – zumindest dann, wenn du nur einen Gedanken verschwendest an das, was hier wie auch weiter oberhalb am zerfallenen Fort Hermann im Ersten Weltkrieg abgegangen ist. Blutiger Schnee von gestern. Doch über uns knallt nun der Lorenz weiter, beim genussvollen Angasen durch die Koritnica-Schlucht. Im Alpendörfchen Log pod Mangartom wartet eine Gruppe Paraglider auf den Shuttlebus zur Abflugstelle, um den hiesigen Zweitausendern ein gutes Stück näherzukommen. „Flieger, grüß mir die Sonne …" Ja, Slowenien ist ein wahres Eldorado für Outdoorsportler. Und sie alle haben wohl individuell passend ein Liedchen oder Spruch im Repertoire inklusive natürlich des legendären „Quäl dich, du Sau!", wenn mit dem Rennrad nicht nur der Berg, sondern auch der innere Schweinehund bezwungen werden soll. Vergleichsweise fein raus ist da heute Klaus, da unter ihm die BMW den Brummbär macht. Sie steppt kraftvoll souverän und überraschend wendig über die frisch asphaltierte 203.

Der 2055 Meter messende Mangartsattel ist der höchste anfahrbare Punkt der Julischen Alpen

Achtung, Steinschlaggefahr, Achtung, 22 Prozent Steigung, Achtung, 11,7 Kilometer Kurven – ein rot-weißer Schilderturm am Abzweig zum Mangart stimmt ein auf den ersten unserer beiden „Promis". Die ehemalige Militärtrasse war mal geschottert, ist inzwischen aber gut ausgebaut, wenngleich auch oft etwas schmal und unübersichtlich. Als kühn angelegte Panoramastraße führt sie empor zum höchsten anfahrbaren Punkt der Julischen Alpen, dem 2055 Meter messenden Mangartsattel. Die abenteuerlich verschlungene Streckenführung wird noch gewürzt durch vier unbeleuchtete Tunnel, dazu gleich hinter dem letzten auch eine seichte, mit Natursteinen gepflasterte Bachfurt. Das alles zusammen sind die 10 Euro Maut zum Erhalt – und Erleben – der Strecke allemal wert. Heute ist sogar besonderer Zahltag. „Born to be wild, we can climb so high, looking for adventure …" Es ist die Harley-Fraktion, die eine Extraportion Geld in die Kasse spült, da sie just diese Woche im österreichischen Faak ihr alljährliches Hochamt feiert und bei ausschweifenden Touren auch das Umland beschallt, ob aus doppelläufigen Auspuffanlagen à la Dr. Jekill & Mr. Hyde oder aus den bordeigenen Boom!-Boxen. Unwahr allerdings ist die Behauptung, bei aller Kritik am Dezibel-Overkill, es seien die Trompeten von Jericho alias Milwaukee gewesen, deren Schalldruck die Berghänge am Mangart nicht gewachsen waren, sodass ein gewaltiger Erdrutsch das letzte und schönste Stück der Strecke vorerst unpassierbar gemacht hat. Ups, was für ein Mist, leider kein nur schafsködteliger, der uns einen Strich durch die Rechnung macht – und die weite Schleife mit phänomenaler Rundumsicht oben am Sattel nun ebenso unerreichbar wie auch an der sogenannten Lahnscharte einen Blick 600 Meter senkrecht hinab in die Tiefe, echt thrillig. Statt Atemlosigkeit daher nur lebhafte Erinnerung an frühere oder feine Vorfreude auf zukünftige Mangart-Trips.

Vom unvollendeten Gipfelsturm zurück zum rot-weißen Schilderturm und dann rechts ab zum Predil-Pass. Der kam zwar bereits gestern unter die Räder, aber das potenziert ja nur den Spaß; zumal der Belag schön grippt und auch der LöwehinterdemDenkmalgitter schon seine Gedenkminute abbekommen hat, wir nun nicht als an Landesgeschichte uninteressierte Banausen an ihm vorbeisausen. Und dank Schengen schwuppdiwupp wieder ohne zu stoppen von Slowenien nach Italien hoppen. Auf den Schildern jetzt: Tornanti! Kurven à la Italia! Nach dem Lago del Predil die Gelegenheit zum Abzweig auf die SP 76 (siehe Roadbook) oder gleich weiter auf der SS 54 und via Tarvisio zu zwei Stichstraßen, wie sie unterschiedlicher kaum sein könnten. Erst die zu den Laghi di Fusine, farbenprächtige Naturjuwele, die an die Mummelsee-Idylle im Schwarzwald erinnern, allerdings reizvoller zum Drumrumwandern denn zum bloßen Hinfahren sind; dann, wieder in Slowenien, die zum Nordic Center Planica im gleichnamigen Tal.

Mamma mia. Ein Sprung vom 100-Meter-Brett scheint nichts gegen dieses Himmelfahrtskommando, dem irren Sturzflug von der Großschanze. Zusammen mit der norwegischen Anlage Vikersund hat Planica die größte Skisprungschanze der Welt. 252 Meter weit flog dort Ryoyu Kobayashi – unfassbar. Wenn du da mit dem Motorrädchen unten am Auslauf stehst, rutscht das Herz schnell in die Lederhose allein schon bei der Vorstellung … Lieber nicht. Und dabei stehen wir nur am Fuße der alten Bloudkova velikanka von 1934, einer von insgesamt sieben Schanzen im Areal. Die größte, die Letalnica bratov Gorišek, liegt etwas versteckt hinter den Bäumen am Hang. Vielleicht besser so. Denn so talentiert die R 1250 R auch ist: Beim Backflip würde sie hier krachend scheitern.

Der Mensch lebt nicht von Adrenalin allein. Also von Planica weiter nach Kranjska Gora, zu schaumigem Cappuccino unter den Sonnenschirmen der „Kasabrin Bar" im hübschen Zentrum des Wintersportmekkas. Die Ruhe vor dem Sturm, dem „Sturm" auf Promi Nummer zwei, den Vršic̆-Pass. Vier Konsonanten und nur ein Vokal im für uns so zungenbrecherischen Namen – aber auch 24 Kehren auf der Nordrampe, 25 auf der Südrampe; etliche der haarnadeligen Kurven kopfsteingepflastert, aber hoffentlich nicht bei Nässe und dann drohendem Touchdown die Hebeleien am Motorrad brechend. In den Jahren 1915–1916 als Militärstraße für Österreich-Ungarn von 10.000 russischen Kriegsgefangenen erbaut, ist sie trotz der recht geringen Scheitelhöhe von 1611 Metern die eindrucksvollste Passstraße Sloweniens. Und an welcher Strecke in den Alpen steht zudem ein schroffer Klotz wie der Prisojnik: Neben dem Ajdovska deklica, dem „heidnischen Mädchen", einem markanten Felsengesicht, hat ihm die launige Natur auch noch ein etwa 50 Meter großes Fenster spendiert, ein Loch im Berg, das auf einer Klettertour durchstiegen werden kann. Tja, Kraxeln oder Kradeln? Vieles ist hier möglich im Naturpark rund um den Triglav, mit 2864 Metern der höchste Gipfel der Julischen Alpen wie auch von ganz Slowenien. Besonders populär sind dabei spritzige Rafting-Touren auf der für ihr bezaubernd blaugrünes Wasser berühmten Šoca. Wir begleiten das unweit vom Vršic̆-Pass entspringende „muntre Alpenkind" (Zitat aus einem alten Liebesgedicht an die Šoca) auf einer für uns eher chilligen Talfahrt bis zurück nach Bovec – bevor es dann anderntags via Tolmin und Most na Soci weiter nach Skofja Loka geht. Dort beginnt eine andere Geschichte.

Kraxeln oder Kradeln? Vieles ist hier möglich im Naturpark rund um den Triglav

Man kann sich kaum sattsehen an den vielfältigen Erscheinungsformen der Mangartstraße, deswegen musste sie einfach öfter fotografiert und befahren werden (oben und unten). Rechts: Kranjska Gora.

INFO

TOURDAUER:
circa 2,5 Stunden (ohne Pausen) für die 130-km-Runde, gut fünf Stunden für die 100 Kurvenkilometer on top, zur Sella di Somdogna und retour.

GEFAHRENE STRECKE:
130 km, mit Abstecher **230 km**

ROADBOOK:
1. **Vom Hotel „Alp" in Bovec** auf die 203 Richtung Norden und zunächst durch eine weite Wiesenlandschaft mit schönem Blick auf das Bergpanorama des Triglav-Nationalparks.

2. **Vorbei am klotzigen Fort Kluže**, eine Festung aus dem 17. Jahrhundert – oder auch zu Fuß durch einen düsteren Tunnel vis-à-vis des Forts und auf einem Serpentinenweg in etwa einer halben Stunde hoch zur Ruine der Festung Hermann.

3. **Auf zunehmend kurvigerem Geläuf** weiter durch die felsige Koritnica- Schlucht und nach dem Bergdorf Log pod Mangartom nun der neu asphaltierte Anstieg zum Predil-Pass.

4. **Am Mangart-Viadukt** von der 203 rechts ab auf die 902 zum Mangartsattel. 10 Euro Maut, und Start frei zum grandiosen Ritt durch Serpentinen und unbeleuchtete Tunnel – hoffentlich nach Aufräumarbeiten wieder bis ganz hoch zur Wendeschleife

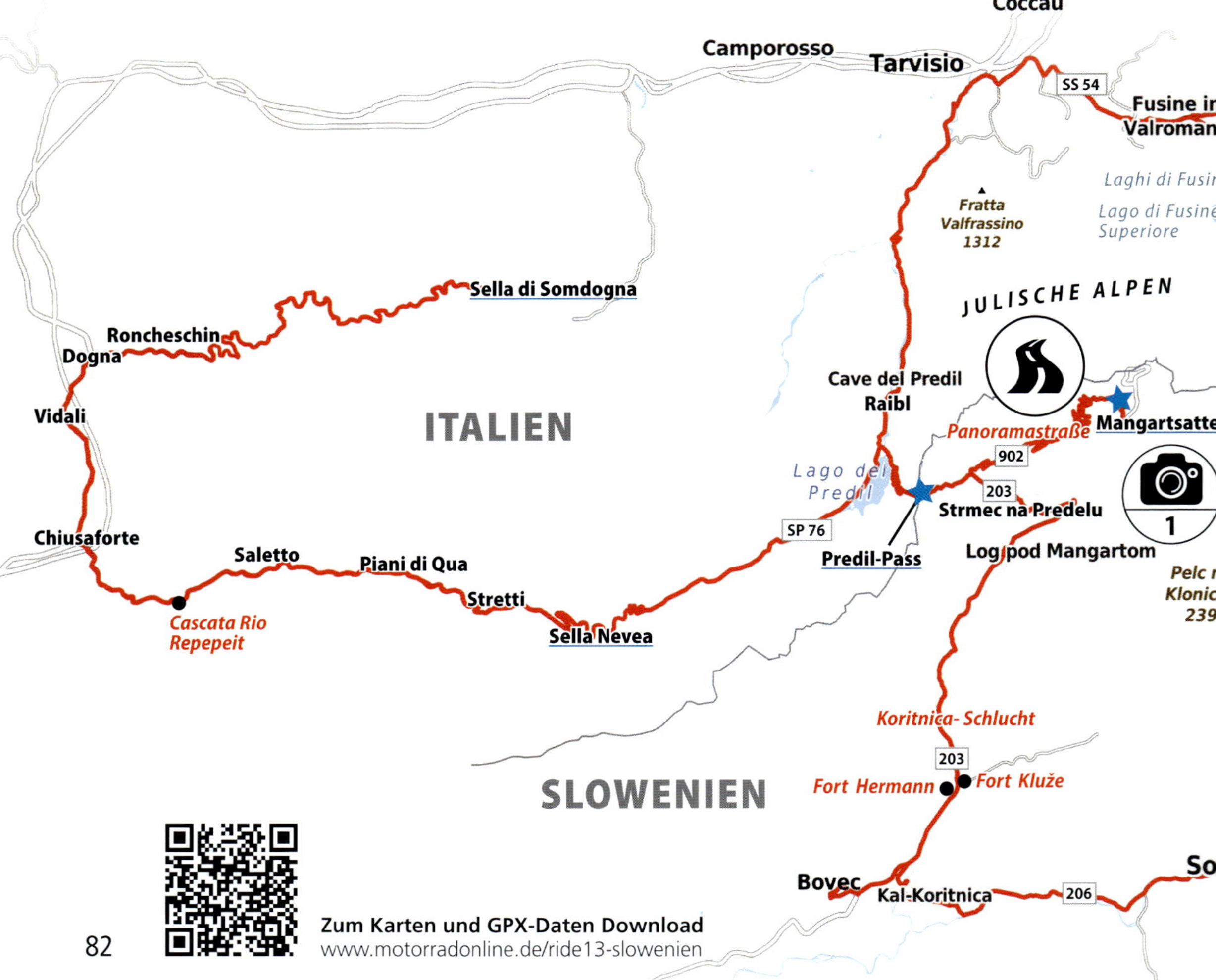

Zum Karten und GPX-Daten Download
www.motorradonline.de/ride13-slowenien

auf 2055 Meter, höchster Anfahrpunkt der Julischen Alpen; per pedes zur Lahnscharte mit 600-Meter-Blick steil in die Tiefe. Vom Mangartsattel zurück auf die 203 und über den gut ausgebauten, grippigen Predil-Pass, zugleich Grenze zwischen Slowenien und Italien, kurvig hinab zum Lago di Predil.

5. **Nach dem See** von der SS 54 links ab auf die SP 76 und extrem kurvig- schlängelig über den Sella Nevea und Via Raccolana und Dogna bis zur Sella di Somdogna und wieder retour – oder stattdessen gleich via Tarvisio und auf der SS 54 zu zwei weniger zeitintensiven Sackgassen.

6. **Zum Wandern** an die zwei türkisblauen Naturjuwelen Laghi di Fusine; zum Fliegen und Staunen, Abzweig jetzt wieder in Slowenien von der 202, zur Planica mit ihren Großschanzen.

7. **Auf der 202 nach Kranjska Gora,** im Winter wie Sommer Zentrum für Aktivurlaub; Boxenstopp im hübschen Ortskern. Auf der 206 zum kopfsteingepflasterten Kehrenkratzen über den Vršič-Pass, zwar nur 1611 Meter hoch, aber flankiert von zackigem Fels, darunter der „Berg mit Loch", der Prisojnik.

8. **Nach der Kurverei nun Cool-down** und im Cruising-Modus entlang der jungen Soča – erst später wird sie zur betörend blaugrünen Königin der Rafting-Szene – zurück nach Bovec.

FOTOSPOT

1: Das Bergpanorama am Ende der Mangartstraße

2: Kopfsteingepflasterte Serpentinen auf der Nordrampe vom Vršič-Pass

TOP-STRECKEN

Die drei Medaillen gehen eindeutig an Mangartstraße, Predil-Pass und Vršič-Pass.

DER BESONDERE TIPP

Mal wie, na ja, fast wie die Skispringer Ryoyu Kobayashi oder Karl Geiger durch die Luft fliegen – das kannst du gleich neben der Riesenschanze in Planica auf der steilsten Zipline-Seilrutsche der Welt, mit rund 85 km/h und reichlich Adrenalin.

www.planica-zipline.si

ITALIEN

DOLOMITEN NORD

FIRST EXIT BRIXEN

Weg von der Autobahn, direkt hinein ins Fahrvergnügen!
In den nördlichen Dolomiten lässt es sich locker und dennoch gut sportlich einfahren.

TEXT: *Thorsten Dentges* **FOTOS:** *Thorsten Dentges, Jörg Künstle*

An dramatische Bergansichten wie am Antholzer See kann man sich schnell gewöhnen. Längere Eingewöhnungszeit jedoch für die nagelneue Lederkombi.

Die Ampel steht auf Rot. Dahinter eine lange Autoschlange – Cabrios, Roadster sowie offenbar ein ganzer 911er-Club. Möglichst nah der Ampel hat sich um die Autos herum ein großes Rudel Motorräder gebildet. Noch mehr Sportmaschinen, Naked Bikes, Enduros und Chopper rollen in Richtung imaginärer Startreihe vor, bringen sich in Position. Ein Corvette-Fahrer startet seinen V8, daraufhin lassen auch die ersten Motorradpiloten die Motoren an, einige schauen auf ihre Armbanduhren. Noch zwei Minuten, bis die Auffahrt zum Staller Sattel freigegeben wird. Das jedenfalls besagt die große Infotafel, und auch, dass die Straße jeweils nur für 15 Minuten in eine Richtung befahren werden darf. Gesteuert wird die Streckenfreigabe über eben diese eine Ampel, an der mittlerweile über 100 Fahrzeuge warten.

Um Punkt halb zwölf schaltet die Ampel auf Grün, und der Tross setzt sich in Bewegung. Vorneweg eine kleine Gruppe Österreicher mit knackigen Einzylinder-Supermotos. Dahinter der Fahrer einer Honda Transalp, an seinem Rücklicht hängt die Corvette. Die Straße durch den Wald ist eng und märchenhaft verschlungen. Das Tempo vorne ist hoch, der Fahrstil ambitioniert. Die Motorradfahrer führen das Feld an, die Corvette lässt es dazwischen fast im Renntempo krachen. Beängstigend: Der bedrängte Transalp-Pilot kommt ein paar Mal bedenklich von seiner Linie ab. Wohl nicht jedermanns Sache, die Cruiserfahrer jedenfalls lassen schnell abreißen, noch weiter hinten gondelt der Porscheclub ebenfalls lieber touristisch Richtung Passhöhe an der Grenze von Italien zu Österreich. Oben angekommen sind zumindest alle Reifen warm gefahren. Verrückte Sache, diese One-Way-Verkehrsführung durchs Kurvenkarussell. Verrückt überhaupt, diese Bergfahrt zum Staller Sattel. Geht's Richtung Tal etwa genauso zu? Dazu später mehr.

Am Tag zuvor. Die Anfahrt zu den Dolomiten war ätzend. Dichter Verkehr am Brenner, und die nagelneue Lederkombi gab sich noch sehr sperrig. Bei der Bewegungsarmut auf gerader Schnellstraße wird das Leder allerdings nur langsam geschmeidiger, es braucht Bewegung, also mehr Kurven. Folglich steht fest: spätestens ab Ausfahrt Brixen runter von der Bahn und ab in die Berge zur Kurvengymnastik! Geplant ist eine kurze Runde übers Würzjoch, um sich für die kommenden Tourtage lockerzumachen.
In Brixen flott noch ein paar Kalorien einwerfen, und schon knapp nach Ortsausfahrt animieren schön geschwungene Radien und ordentlicher Asphalt zu schnell getaktetem Hanging-off von links nach rechts. Das Würzjoch, der Passo delle Erbe, verbindet das Eisacktal im Westen mit dem Gadertal im Osten, verläuft in etwa parallel zum Grödnertal im Süden, und die rund 40 Kilometer Strecke mit Blick auf Monte Tullo (2652 m), Monte Muro (2326 m) und Peitlerkofel (2874 m) liegen etwas abseits der Haupttouristenströme rund um die südöstlich gelegene Sellagruppe. Danach soll es zurückgehen nach Brixen übers Pustertal – eine optimale Aufwärmrunde. Die ersten Kilometer sind schöner als erwartet, Kombi und Handschuhe jedoch immer noch nicht geschmeidig. Wegen des blöden Autobahnstaus ist der Zeitplan verrutscht und ein Gewitter droht. Spätnachmittags in 2000 Meter Höhe ist es nun recht kühl, und oben auf dem Pass lockt zudem der hübsch-holzige Almgasthof „Ütia de Börz" zum Einkehrschwung. Sollte dort ein Bett frei sein, warum dann nicht vielleicht die Runde unterbrechen und sich besser mit Hirschkalbsgulasch, Polenta und Obstbrand aufwärmen? Gute Idee. Und nach einem wunderschönen Sonnenuntergang mit Panoramablick auf den Peitlerkofel auch eine gute Nacht.

Einfach schön, diese Dolomiten!

Frühmorgens steigt die Sonne spektakulär über dem vernebelten Gadertal auf – was für ein Bergpanorama! Einfach schön, diese Dolomiten. Nach opulentem Frühstück mit Rauchschinken, Rührei und selbst gebackenem Topfkuchen sowie einer heißen Schokolade rollen sich die sporttouristischen Pneus der Kawasaki beim Slalom talwärts zum kleinen Urlaubsort Sankt Martin in Thurn und auf der anderen Seite rauf über den Furkelpass hoch zum Kronplatz ordentlich warm. Aber nicht nur das Gummi, sondern eben auch das Leder sollte noch mehr walken, deshalb wird die Aufwärmrunde durch einen Abstecher ins Antholzer Tal verlängert. Bis zur besagten Ampel, wo das Warm-up ja fast zu einem Qualifying ausartet. Die Corvette kann allerdings die sich tapfer wehrende Transalp bis zur Passhöhe nicht überholen.

Oben auf dem Staller Sattel trudeln nach und nach erst Motorräder, dann Autos und andere Fahrzeuge ein. Manche fahren weiter Richtung Osttirol, andere legen kurz Pause ein, drehen um und warten auf die nächste Möglichkeit zur Talfahrt in etwa einer Viertelstunde. Ein gewisser Race-Spirit liegt in der Luft. Zehn Minuten vor dem Umschalten sammeln sich die ersten Maschinen an der roten Ampel. Drei auf Rallye getrimmte Africa Twin schieben sich vor bis in die erste Startreihe. Der Fahrer einer KTM 1290 Super Duke nestelt nervös an seinen Handschuhen, schaltet die Zündung an und wieder aus. Immer mehr Abfahrtswillige sammeln sich an der Passhöhe. Noch fünf Minuten. Auf dem Parkplatz werden weitere Motoren angelassen, eine Gruppe holländischer

Lecker angerichtet: Hirschkalbsgulasch und ein fantastischer Sonnenaufgang über dem Gadertal auf der Hütte „Ütia de Börz".

N46°39'45.5292 E11°47'41.4708

Sportlich unterwegs in märchenhafter Alpenumgebung am Passo delle Erbe (Würzjoch).

Brixen, gleich an der Autobahn, bietet sich als Start und Ziel an. Wer es nicht ganz so eilig hat, kann das Flair des Städtchens noch etwas länger genießen.
Unten: Nachtquartier in der Hütte „Ütia de Börz" – dann lohnt auch die tolle Weinkarte.

Tourenfahrer stellt sich brav hinten an. Noch zwei Minuten bis zur vollen Stunde, bis die Ampel auf Grün schalten wird. Der KTM-Typ in Pole Position beginnt irgendeine Melodie zu pfeifen, überprüft zum x-ten Mal den Sitz seiner Handschuhe, klappt das Helmvisier zu und direkt danach wieder auf. Übersprunghandlungen. Noch eine Minute. Alle beäugen sich gegenseitig, wie vor einem Rennen. Ampel, Grün, Start! Die Super Duke prescht vor, die Affentwin-Fahrer zögern zu lange, sind weit weg im Rückspiegel. Doch schon nach wenigen eher verhalten angebremsten und sichtbar eckig durchfahrenen Spitzkehren wird die KTM von den Verfolgern aufgeschnupft. Der erste Abfahrer erreicht nach wenigen Minuten den Antholzer See und lässt es locker auslaufen.

Die Reifen sind nun voll auf Temperatur, Angststreifen keine mehr zu erkennen. Auch das Leder gibt jetzt bereitwilliger nach, wenn man sich für Schräglagen etwas stärker verbiegen möchte. Kurzer Boxenstopp in Bruneck auf ein Panini, und schließlich rauf zur Puster-Sonnenstraße als feines Eldorado für Sporttouring-Fahrer. In Brixen würde sich die Autobahn anbieten – doch irgendwie fühlt sich die Kombi immer noch etwas steif an … Trotz fast perfekter Aufwärmrunde stehen nun besser wohl doch noch ein paar Trainingseinheiten im Kurvengeläuf an. Es gibt Schlimmeres, und die Sellagruppe ist ja gleich um die Ecke.

Brixen ist der ideale Start für alle Aktivitäten in der Region.

INFO

TOURDAUER:
circa 4–5 Std (mit kurzen Pausen), bei Einkehrschwung am Würzjoch **1,5 Tage**

GEFAHRENE STRECKE:
160 km

ROADBOOK:
Imposante Bergkulissen mit steil und schroff aufragenden Gebirgsstöcken lassen schnell den Alltag vergessen. Witziger Abstecher: durchs Antholzer Tal hoch zum Staller Sattel. Und spätestens nach Genuss der Pustertal-Sonnenstraße zurück nach Brixen ist man gut aufgewärmt und gewappnet für weitere sporttouristische Herausforderungen in den Dolomiten.

1. **Start in Brixen** und stadtauswärts Richtung St. Andrea auf der SP 29 mit schönen Kurven zum Einschwingen.

Passo delle Erbe (Würzjoch) zunächst mit toller Bergkulisse, danach prima Strecke auf schmaler, aber ordentlicher Fahrbahn durch liebliche Almwiesen bis zur Hütte „Ütia de Börz" und Passhöhe (1987 m).

2. **Die SP 29 nun mit klasse Bergsicht** runter bis nach St. Martin(o) in Thurn mit homogen zu fahrenden Kurven, weiter Richtung Passo Furcia (Furkelpass) und hoch zum Plan de Crones (Kronplatz). Der Pass ist keine Offenbarung und führt etwas unrhythmisch bis auf 1759 Meter, taugt jedoch gut als Übung für variantenreiche Schräglagenwechsel.

3. **Auf der Antholzer Talstraße** SS 44 mit reizvoller Bergkulisse entspannt zum Antholzer See fahren. Die Auffahrt zum Staller Sattel ist eine witzige Einbahnstrecke durch lichten, malerischen Wald. Oben auf der Passhöhe (2052 m) gleich wieder umdrehen (Rückfahrt jeweils in der ersten Viertelstunde nach jeder vollen Stunde möglich) oder längere Pause einlegen (Gasthaus direkt auf Passhöhe auf italienischer Seite) oder wenige Hundert Meter unterhalb am Obersee auf österreichischer Seite liegen ein Kiosk und ein Gasthaus.

4. **Wieder zurück durchs Antholzer Tal** und Kreuzung zur SS 49 bis Bruneck, ab dort prima Ausweichstrecke: Die Pustertaler Sonnenstraße SP 40 verläuft parallel oberhalb der Hauptroute durch die Berge und ist ein klasse Revier für Sporttourer. Dann zurück nach Brixen.

FOTOSPOT

1: Auf der Passhöhe vom Würzjoch parken und den Peitlerkofel formatfüllend festhalten …
2: … oder Blick runter ins Gadertal. Speziell frühmorgens spektakulär 3: Passhöhe Staller Sattel. Richtung Italien mit See als zentrales Motiv

TOP-STRECKEN

Das Würzjoch kurz vor Passhöhe (von Westen angefahren) macht mit traumhafter Bergkulisse in den Almwiesen, gefälligen Kurven und recht anständigem Asphalt richtig Spaß. Die zeitlich geregelte Einbahn-Auffahrt zum Staller Sattel ist sehr originell. Eher enges Geläuf, kein hohes Tempo möglich – aber eben auch kein Gegenverkehr

DER BESONDERE TIPP

Tolles alpines Bergerlebnis: Sonnenunter- und -aufgang im Angesicht der Nordwand des Peitlerkofels an der Passhöhe vom Würzjoch.

Zum Karten und GPX-Daten Download
www.motorradonline.de/dolomiten-warmuprunde

PIRELLI

ÖSTLICHE DOLOMITEN – OFFROAD

HAUS-
BESUCHE

Das Cadore-Tal liegt im Schlagschatten der touristischen Dolomiten-Highlights. Während sich viele auf der Sella Ronda tummeln oder den Drei Zinnen auf die Pelle rücken, sattelt Dirk Schäfer auf zu einer Hüttentour der besonderen Art.

TEXT UND FOTOS: *Dirk Schäfer*

Der Monte Antelao (mitte) ist der Hausberg des Cadore-Tals und der zweithöchste der Dolomiten.

Wann immer man etwas beginnt, ist eine kleine Einsteigerübung hilfreich, um in Schwung zu kommen. Deshalb hatte ich mir in Pieve di Cadore, dem Hauptort des Cadore-Tals, das Rifugio Costapiana zum Einschottern ausgesucht. Der unbefestigte Teil der Strecke ist nur wenige Kilometerchen lang und gut in Schuss. So hatte ich sie zumindest in Erinnerung. Aber schon ein hässlicher Winter, ein brüskes Unwetter, kann alles ändern. Hat sich etwas geändert? Bröselig geht der Asphalt in einen erdigen Fahrweg über. Kein Problem mit der Desert Sled, die vorsorglich grobe Sohlen trägt. Auch wenn ein Fiat 500 alter Bauart hier sorgenfrei herkäme: Die zackigen Pneus beruhigen. Hätte ich sie nicht, ich würde sie mir schon sehr bald herbeiwünschen.

Der Wald tritt zurück und über einer weiten Lichtung liegt das Rifugio der Familie Gei. Die Panoramaterrasse strahlt in sommerlichem Glanz, und noch bin ich der einzige Gast. Vater Gei bemerkt, dass man erst vor zwei Wochen geöffnet habe. Die Schneemassen des Winters hätten sich in diesem Jahr besonders lang gehalten. Winter? Durch die Rabatten tollen Schmetterlinge, und über die Bohlen huschen durchgewärmte Eidechsen, als ob es nie einen Winter gegeben hätte. Ob ich Probleme mit der Piste gehabt hätte? Nein, wieso? Seit Jahren dränge er die Gemeinde, das fehlende Stück zum Rifugio endlich zu teeren. Das wäre für ihn und die Gäste bequemer. Meine Anmerkung, dass ich gerade darin einen Reiz sehe, spüle ich mit dem ersten Schluck Cappuccino hinunter.

DER KRASSERE

Die Gelassenheit von Costapiana gerät schnell in Vergessenheit. Und meinem Hang zu

15 Kilometer Luftlinie trennen den Col Vidal von den Drei Zinnen (oben). Selbstgebranntes im Rifugio Baion (unten).

N46°28.442220 E12°37.065960

Von der Sella di Razzo fuhrwerkt es sich geschmeidig nach Sauris di Sopra

unbequemen Anfahrten trägt die Auffahrt zum Rifugio Antelao Rechnung. Und die Rechnung wird lang. Der Fahrweg klammert sich an einen schrägen Hang und nur der dichte Nadelwald verwehrt den Blick Richtung Abgrund. Eine fürsorgliche Seele hat an kritischen Stellen eine Art Absturzsicherung installiert, der man lieber nicht auf den Zahn fühlen möchte. Inzwischen baggert sich der Zweizylinder durch den steinigen Pfad. Ich bin mit meiner Konzentration so auf die Piste fokussiert, dass mir erst in einer falsch angefahrenen Holperkehre das wie aus dem Nichts erscheinende Panorama bewusst wird. Gut 800 Meter unter mir strahlt der unwirklich türkise Lago di Cadore, dahinter türmt sich der Monte Cridola auf, der schon halb im Friaul steht. Erst jetzt merke ich, dass mir der Schweiß in Bächen den Rücken runterläuft. Wie weit ist es noch bis zum Rifugio?

DAS WEITLÄUFIGE

Innerlich schüttle ich noch den Kopf. Der Weg zum Antelao war anspruchsvoller als gedacht, die Pause am Rifugio länger als geplant. Dafür bin ich jetzt wieder frisch. Frisch für den Abstecher ins Val d'Oten. Und das meint es gut mit mir. Nachdem sich die Teerdecke samt Ausflüglerschwarm an der Bar Alla Pineta verabschiedet hat, trumpft die Piste geradezu mit Weitläufigkeit auf. Allerdings nur, um mich an einer Furt mit mehreren Fragezeichen im Gesicht stehen zu lassen. Das Wasser steht nicht sonderlich hoch, aber wulstige Findlinge haben eine unangenehme Engstelle geschaffen, die so glitschig wirkt, dass ich zaudere. Bis mir die Eingebung kommt. Autos können hier unmöglich passieren. Also muss es noch eine andere Passage geben. Aber wo?

Ich halte mich bergwärts und richtig: Eine betonierte Furt, die auf der linken Seite mehrere Meter abfällt, ist die Schlüsselstelle zur Weiterfahrt. Obwohl die Piste fast geradlinig durch das breite, fast ausgetrocknete Flussbett führt, ist es mit der flotten Gangart von vorhin vorbei. Aber wozu sollte ich hier auch durch die Gegend ballern? Ich pausiere auf einem schattigen Wiesenstreifen am Rande des verdunsteten Flusses. Liegt es an der Nachmittagshitze? Die Bilder vor meinen Augen verschmelzen mit den Erinnerungen an algerische Geröllwüsten, den Reg-Ebenen. Erst eine Wandergruppe holt mich aus dem Tagtraum. Wie weit es noch bis zum Wasserfall sei, wollen die Leute wissen. Keine Ahnung. Aber gibt es in Algerien Wasserfälle? Hinter mir fiepen die Murmeltiere.

> Gegen das hier ist das Stilfser Joch eine Autobahn

DAS NADELÖHR

Offensichtlich kennen nur wenige den Pian dei Buoi. Vielleicht, weil die meisten schon die Anfahrt aus dem Cadore-Tal scheuen. Zwölf Kilometer bergan mit haarig engen Serpentinen sind schon nicht jedermanns Sache. Zudem ist die Strecke so schmal, dass zwei Pkw nicht aneinander vorbeikommen. Deshalb sind Auf- und Abfahrt zum Pian dei Buoi zeitlich geregelt. Ob sich jemand daran hält, steht auf einem anderen Papier. Dann mal los in die 24 Spitzkehren! Wer etwas à la Stilfser Joch vermutet, wird schnell feststellen, dass die Kehrenlegende in den Ortler-Alpen gegen das hier eine Autobahn ist. Nicht umsonst veranschlagt der Routenplaner für die bescheidenen zwölf Kilometer 50 Minuten Fahrzeit.

N46°30.717480 E12°24.378000

Grau ist alle Theorie, bis die wilden Marmarole-Berge auftauchen

Gediegenes Plätzchen: das Zentrum von Pieve di Cadore (oben). Rustikales Frühstück auf dem Pian dei Buoi (unten).

DER BESONDERE

Der Duft von frisch geschlagenem Holz liegt in der Luft, als ich die Hochebene erreiche. Gleich hier zweigt eine Piste zum Col Vidal ab. Auf dessen Anhöhe bröckeln die Überreste einer Weltkriegsfestung vor sich hin. Aber die ist für mich nicht der Grund, dort hinzufahren. Durch einen finsteren Tunnel, der mehr einer Höhle gleicht, und einen ruppigen Pistenabschnitt erreiche ich erst die alten Kasematten und dann auf einer letzten Anhöhe die Geschützstellungen. Die Kanonen sind längst eingeschmolzen, aber das eigentliche Highlight, ganz unkriegerisch, ist geblieben: Der Ausblick auf die 15 Kilometer entfernten Drei Zinnen. Ich kann nur erahnen, was sich dort gerade für ein Ausflügler-Tohuwabohu abspielt. Mit einem Lächeln der Zufriedenheit lehne ich mich zurück. Bis mir einfällt, was mir hier fehlt: Kaffee und Kuchen. Aber die Rettung ist ebenso nah wie kribbelig.

FINGER WEG!

Die Auffahrt zum Rifugio Ciareido ist – zumindest in der deutschen Lesart der Schilder – verboten. Doch es gibt einen Ausweg. Einen italienischen. Man ruft Enzo auf der Hütte an und fragt, ob man trotzdem hochfahren darf. Ich darf. Aber soll ich wirklich? Denn da sind zwei Kehren im Weg, die über Wohl und Wehe entscheiden. Vergiss deine Abenteuer auf der Ligurischen und auf der Assietta-Kammstraße. Diese zwei Kehren hier zwingen dich an den Lenkanschlag. Auf losem Schotter. Steil bergan! Wenn du wegen einer Tasse Kaffee die Unversehrtheit deines Bikes riskieren willst: bitte schön. Ich überlege kurz. Keine Sozia dabei, Minimalgepäck und ein recht handlicher Scrambler. Das sollte gehen. Und komm, seien wir ehrlich: Es sind nur zwei Kehren. Mehr schlecht als recht wurschtel ich mich durch die Kehren, zirkle um eine Felsnase, hinter der – bitte, bitte! – niemand im Weg steht und schwups, stehe ich vor Enzos Hütte. Dicke Tropfen perlen mir von der Stirn. Kaffee? Nee, ich brauch jetzt erst mal was Kaltes.

GUT GEMACHT

Gut, dass mich bei der Abfahrt vom Rifugio Ciareido niemand gesehen hat. Souveräne Fahrzeugbeherrschung sieht anders aus. Aber wie so oft im Leben zählt das Ankommen. Ein letztes Ziel habe ich für heute vor Augen: das Rifugio Baion. Es dämmert bereits, und die letzten Meter Piste sorgen noch mal für leicht erhöhten Puls. Ausgespülte Querrinnen und Geröll versetzen den Weg nicht gerade in die Geschmeidigkeit einer Bowlingbahn. Mit dem Hinterrad immer auf Zug rolle ich vor die ehemalige Käserei.

Zwölf Kilometer bergan mit haarig engen Serpentinen sind nicht jedermanns Sache.

Aus den Fenstern der Hütte funzelt wohliges Licht. Komplett verschwitzt trete ich in die Gaststube ein. Im hinteren Teil des urigen Raums brutzelt ein Feuerchen. Dino, der Wirt hinter dem Tresen, zwei Wanderer, ein Mountainbiker und ein stämmiger Bauer prosten sich gerade zu. Nicht zum ersten Mal, wie ich aus der ausgelassenen Stimmung schließe. Ich habe den Helm noch in der Hand, als mir Dino schon einen Aperitif in die Hand drückt. Sein „Benvenuto" ist der Auftakt zu einer Kneipenunterhaltung, die mir noch lange im Gedächtnis bleiben wird. Vor allem, weil meine Italienischkenntnisse nicht über VHS-Grundkursniveau hinausgehen.Aber das ist heute egal. Dann piept mein Handy. Nachricht von meinem italienischen Freund Giorgio: „Hast du Lust, morgen etwas offroad zu fahren? Ich kenne da eine gut gemachte Strecke." „Certo – na klar."

Die Auffahrt ist hart, die Aussicht härter: auf dem Weg zum Rifugio Antelao.

INFO

TOURDAUER:
circa 8 Std. (ohne Pausen), **2 Tage** bei Einkehr mit Übernachtung

GEFAHRENE STRECKE:
206 km

ROADBOOK:
Die Tour setzt sich aus circa 25 % Offroad und 75 % Asphalt zusammen. Die Off- road-Passagen sind milde geschottert bis anspruchsvoll. Das Gute: Einzelne Teile der Offroad-Passagen können ausgelassen und die übrigen Abschnitte der Strecke trotzdem gefahren werden. Achtung auch bei den Asphaltsektionen: Insbesondere die Auffahrt von Lozzo zum Pian dei Buoi ist ge-spickt mit Haarnadelkurven. Wem das nicht geheuer ist, kann die durchgängig geteerte Strecke von Lozzo über Sauris nach Pieve di Cadore wählen.

1. **Los geht es in Pieve di Cadore.** Vom Stadtzentrum Richtung Cortina. Ab Valle di Cadore Schildern „Rifugio Costapiana" folgen. Nach 2,7 km erste Spitzkehre, kurz darauf milder Schotter bis zum Rifugio (4,8 km). Kaffeepause auf der Panoramaterrasse. Der Wirt, Herr Gei, spricht Deutsch.

2. **Zurück nach Pieve di Cadore.** Am nördlichen Ortsausgang links Richtung Pozzale. Durch Pozzale, am Ortsende links dem Schild „Rifugio Antelao" folgen. Ab jetzt brüchiger Asphalt, dann grober Schotter, Stollenreifen! Herrliche Ausblicke auf den Lago di Cadore. Hauptpiste durch Wälder, bei Nässe schlammig. Auf einer Lichtung liegt das Rifugio Antelao. Pause mit Aussicht.

3. **Zurück nach Pieve di Cadore.** Nach links auf die SS 51 bis Calalzo. Richtung Val d'Oten abbiegen. Asphalt endet an der Bar „Alla Pineta". Nach links, dem Fluss folgen. Meist gutmütige Piste. Knapp 1 km nach der Bar betonierte Furt queren. Piste verläuft ca. 4 km recht gradlinig bis zum Talende. Pistenzustand je nach Winter gemütlich bis garstig.

4. **Zurück nach Calalzo.** Links auf die SS 51 bis Lozzo. Immer „Pian dei Buoi" folgen. Außerhalb des Orts beginnt der asphaltierte, aber sehr enge 12 km lange Anstieg. Auffahrt nur vormittags. Soweit bekannt, wird nicht kontrolliert. Dann Hochplateau, gute Piste. Nach rechts 4 km lange Piste zum Col Vidal. Geschützstellung aus 1. Weltkrieg mit Blick auf Drei Zinnen. Zurück auf die Hauptpiste. Abstecher zum Rifugio Ciareido nur nach Anmeldung (+39/04 35/7 62 76). Schwierig zu fahren! Besser die letzten 600 m zu Fuß gehen. Großartige Aussicht. Zurück zur Hauptpiste, weiter zum Rifugio Baion 2,7 km. Die Piste steigt mit grobem Schotter an. Feierabend am Rifugio Baion bei Dino.

FOTOSPOT
Der Blick auf den Lago di Cadore von der Piste zum Rifugio Antelao

TOP-STRECKEN
Durch die Haarnadelkurven von Lozzo di Cadore hinauf auf den Pian dei Buoi und dann über die Hochebene zu einer der Hütten

DER BESONDERE TIPP
Die Fahrt zum Col Vidal mit Tunnel und Drei-Zinnen-Panorama

Zum Karten und GPX-Daten Download
www.motorradonline.de/dolomiten-offroad

DOLOMITEN

DA GEHT DIR DAS HERZ AUF

Jahrhundertelang wurden die Dolomiten von den Einheimischen die „bleichen Berge“ genannt. Das beschreibt nur rudimentär, welche Mühe sich die Natur mit dieser Alpenregion gegeben hat. Für alle Besucher, vor allem für Motorradfahrer, sind diese Berge eine Offenbarung. Was unsere Tagestour kurvenreich und geschichtsträchtig beweisen möchte.

TEXT: *Markus Biebricher* **FOTOS:** *Markus Biebricher, Markus Jahn, Zep Gori*

Kehre
tornante
800 m

Dolomiten-Pflichtprogramm: Die Sella-Runde oder Teile davon. Gerne früh oder spät am Tag, um saisonalem Trubel zu entgehen.

Dramatisch ragen die hellen Gipfel in den Himmel, tief kerben sich grüne Täler ein in diese gigantische Landschaft, die sich in Jahrmillionen aus versteinerten Algen und Korallenriffen gebildet hat. In diesem Szenario geht uns Motorradfahrern im Minutentakt das Herz auf. Die zahllosen Kurven, die sich in allen erdenklichen Radien in diese steilen, schroffen Wände schrauben, machen süchtig. Und man kann den Straßenbauern, die den Bergen diese Trassen abgerungen haben, gar nicht genug danken. So richtig los ging es mit der großen Dolomitenstraße, die 1909 eröffnet und dann im Ersten Weltkrieg für Truppenbewegungen missbraucht wurde.

Der Passo Giau, auf dem unsere Runde startet, entzückt mit grandiosen Ausblicken von der Passhöhe: Marmolada, Sellagruppe, Drei Zinnen, Nuvolau, Cristallo, Tofane und weitere Bergformationen sind zu sehen, bevor wir uns ins Kurvengeschlängel Richtung Cortina stürzen. Was für ein Genuss, dieser Pass! In Pocol biegen wir links ab, um den nächsten Höhepunkt einzufahren. Die SR 48 bringt uns am Restaurant „La Locanda del Cantoniere" und den Cinque Torri vorbei und schickt uns auf den Passo di Falzarego. Dort erreichen wir die SP 24. Rechts grüßt das Lagazuoi-Massiv, stummer Zeuge unerbittlicher Hochgebirgskämpfe, als sich im Ersten Weltkrieg Italien und Österreich-Ungarn gegenüberstanden. Links taucht die Festung Tre Sassi auf, dann blinkt der Lago di Valparola unterhalb der Kehren zum gleichnamigen Pass. Wen

Offroad-Einlage im Schatten der „bleichen Berge", Eingang zum Val Gardena, Bikertreffen am Pordoi. Die Alpini-Kapelle am Grödner lädt zur Rast mit erhabenem Ausblick, die Nebensaison sorgt für Fahrfreude auf der Sella-Runde (großes Bild).

Ein spezielles Erlebnis: Übernachten im Berghotel „Passo Giau".

die spannende Geschichte interessiert: Die drei Freilichtmuseen Lagazuoi, Cinque Torri, Sasso di Stria sowie das Museum in der Festung Tre Sassi sind bildungsreiche Pausen wert. Anschließend kurven wir über Sankt Kassian nach Stern und auf der SS 244 nach Corvara. Hier gibt es leckere Pizza als Stärkung für die SS 243, die in schräglagenintensiven Schleifen das grandiose Grödner Joch erobert. Unten im Tal wird noch ladinisch gesprochen, älteste Sprache der Dolomiten, Resultat der Vermischung keltischer, rätischer und lateinischer Kultur-Elemente und die mal am weitesten verbreitete Sprache in den Alpen. Unser nächster Höhepunkt ist die Sella. Was für Panoramen, was für Kurven! Schwindlig kann es einem da werden. Deswegen: anhalten und diese Welt aufsaugen!

Runterschrauben, nicht rechts nach Canazei, sondern auf der SR 48 hoch zum phänomenalen Pordoi surfen und in schier endlosen Kehren nach Arabba schwingen. Unfassbar, diese Abfolge von Schräglagen und Panoramen! In Cernadoi auf die SR 203, in Rucava auf die SP 251 und in Codalonga oberhalb von Selva di Cadore auf die SP 638, die sich jetzt hoffentlich im Abendlicht erneut auf den Passo Giau hochwuselt und diese ganze überirdische Landschaft in oranges Licht taucht. Glücklich ist, wer das erlebt!

Anschließend auf der Passhöhe ein ladinisches Essen, samt leckerem Nachtisch. Das eigentliche Dessert ist dann der endlose Sternenhimmel, der gleichzeitig so nahe scheint, dass man ihn mit den Fingern berühren zu können glaubt. Wer jetzt erfüllt im Berghotel die Augen zumacht, erlebt diesen traumhaften Tag noch mal: Kurven, Schräglagen, Sinnesreize, Panoramen und kein Ende.

Einprägsame Kehren auf der ganzen Tour! Hier kurz vor der Passhöhe des unverzichtbaren Grödner Jochs.

INFO

TOURDAUER:
circa 5 Stunden (mit Pausen)

GEFAHRENE STRECKE:
133 km

ROADBOOK:
Unsere Runde ist eine von vielen Möglichkeiten, die zentralen Dolomiten-Pässe aufregend miteinander zu verknüpfen. Ausgangs- und Endpunkt ist die Passhöhe des Passo Giau (2236 Meter), der eine famose Mischung bietet aus Fahrfreude, Panorama-Erlebnis, grandioser Natur, Himmelsnähe, gemütlicher Berggaststätte und Schlafstatt. Einfach toll, den Pass frühmorgens und im Licht der untergehenden Sonne zu erleben! Weil wir den Falzarego gerne noch einbinden wollten, empfehlen wir eine Auf- und eine Abfahrt auf derselben Seite, um die Route fortzuführen. Wie so oft festgestellt, wirkt das Befahren derselben Strecke retour den Berg hinunter wie

Zum Karten und GPX-Daten Download
www.motorradonline.de/tour-8-dolomiten

eine neue Strecke! Die beste Reisezeit für unsere Touren-Region: Mai/Juni und September/Oktober, im Hochsommer sind die Dolomiten oft zu voll.

1. **Start am Berghotel Passo Giau.** Durch schöne Wälder kurvt man runter Richtung Cortina. Doch bereits vor Pocol links ab auf die SR 48 und dann wieder raufklettern zum Passo di Falzarego. An der Seilbahn zum Lagazuoi auf der 48 weiter hoch auf die Passhöhe. Umdrehen, wieder runter, und diesmal zwischen Seilbahn und kleiner Kapelle nach links auf die SP 24 abbiegen, die bei der Fahrt über den Passo di Valparola und die Grenze Venetien – Südtirol zur LS 37 wird. Über Sankt Kassian nach Stern. Hier auf die SS 244 Richtung Corvara und dort am Hotel Col Alto auf die SS 243.

2. **Auf der SS243** weiter Richtung Westen und rein in die Schleifen zum Grödner Joch. Über den Pass und runterkurven nach Plan de Gralba. Vor dem Ort am Straßenhaus links und auf der SS 242 über die Sella. Anschließend nicht rechts nach Canazei, sondern auf die SS 48 zum Pordoi mit seinen 65 Kehren. Ab der Passhöhe auf SR 48. Runter nach Arabba!

3. **Von Arabba der SR48 bis Cernadoi folgen.** In der Kehre vor dem Ort auf die SR 203 Richtung Rucava bis zum Abzweig SS 251 Richtung Selva di Cadore. Diesen schnellen Kurven folgen bis Codalonga und links abbiegen auf die SP 638. Kurz Käse kaufen im Milchhof „Agostini".

4. **Weiter auf der SP638.** Langsam beginnen die Kehren der Nordwest-Flanke des Passo Giau. Dann erhöht sich die Frequenz. Man sollte jede einzelne genießen und wie an den vorangegangenen Pässen die Panoramen bewundern!

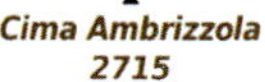

FOTOSPOT

Bei diesem Angebot an einzigartigen Panoramen fällt die Auswahl schwer. Persönliche Topspots sind
1: Felskulisse am Passo di Valparola
2: Sella-Türme, Panoramen am Grödner und am Passo Pordoi.
3: Das letzte Drittel der Auffahrt von Selva di Cadore auf den Passo Giau und der Passhöhenbereich.

TOP-STRECKEN

Grundsätzlich alle sechs Pässe, speziell aber die Auf- und Abfahrt zum Pordoi, rund um das Grödner-Joch, Passo Sella, Passo di Falzarego. Asphaltqualität nicht immer top.
Infos über Baustellen/Sperrungen: **www.suedtirol.com/verkehr/baustellen**

DER BESONDERE TIPP

Die drei Freilichtmuseen Lagazuoi, Cinque Torri, Sasso di Stria und das Museum in der Festung Tre Sassi informieren u. a. über die Bergregion im Ersten Weltkrieg. Telefon Tre Sassi +39/347/49 70 781

HIGHLIGHTS: siehe Karte

IM BANNKREIS DES STILFSER JOCHS

EIN STARKER TAG

An einem Tag zwei Mal über die furiosen Kehren des Stilfser Jochs. Dazwischen ein Ensemble aus sechs ganz verschiedenen Pässen plus einer spektakulären Stichstraße mit Geheimtipp-Charakter. Nach diesem Tag muss man einfach glücklich sein.

TEXT: *Markus Biebricher* **FOTOS:** *fact, Rossen Gargolov*

TIBET

Passhöhen-Souvenirs auf dem Stelvio, Kurvenfreuden am Bernina, Staumauer-Cruising am Cancano-See, Lenkarbeit an den 48 Kehren der Stelvio-Ostrampe.

Der ultimative Tipp zum Enduro-Wandern? Früh starten! Dann wird man mit atemberaubenden Lichtstimmungen belohnt.

Was für eine Runde! Die Kollegen unserer Mutterzeitschrift MOTORRAD hatten sie gescoutet, um einen Teil des großen Alpen-Masters-Tests auf ihr zu absolvieren. Und sie kamen derart begeistert zurück, dass wir uns kurzerhand entschlossen, die Tour auch unseren Lesern von RIDE ans Herz zu legen. Denn mit rund 300 Kilometern Länge und 7600 Höhenmetern bietet sich diese Schleife nicht nur für den vergleichenden Schlagabtausch der Motorräder des Alpen-Masters an, sondern ist aufgrund der Integration von tollen Pässen und der räumlichen Nähe zu weiteren spannenden Hochpunkten auch ein echter Tipp für eine attraktive Tagestour!

Vom Startort in Trafoi ausgehend überqueren wir zunächst das Stilfser Joch, den mit 2757 Metern zweithöchsten asphaltierten Passübergang der Alpen. Anschließend schwingen wir uns über Gavia, Mortirolo, Bernina, Forcola di Livigno, Foscagno und Fraele. Dabei garantieren die sehr unterschiedlichen Charaktere der Pässe einen abwechslungsreichen Fahrtag. Holprige Anstiege (Gavia), enge und dicht bewachsene Schleifen (Mortirolo) sowie herrlich flüssige Bögen (Bernina) bieten fahrerische Feinkost. Günstigen Sprit gibt es normalerweise in Livigno, wenig Verkehr und starke Natur hat die geniale Fraele-Stichstraße in petto. Auf dem Rückweg geht es wieder hoch auf das Joch: Der Trubel hier oben, das kommunikative Treffen von Gleichgesinnten, Souvenirs wie Murmeltier-Salbe, Getränke, Nahrung und die Gebirgsluft komplettieren das alpine Erlebnis. Und: Zumindest aus dem süddeutschen Raum ist das Traumland in kurzer Zeit erreichbar. Ab Stuttgart beträgt die Distanz zum Stelvio 400 Kilometer.
Schon klar, vor allem im Sommer an Wochenenden sind die legendären Trassen des Jochs gerne nervenaufreibend überfüllt, und dann wird aus dem Kurvengenuss schnell mal Kurvenfrust. Deswegen unsere Empfehlung: früh starten, und wenn der Stelvio voll wird, ist man schon „über alle Berge". Bei der Rückkehr ist das Schlimmste vorbei, Straße und Gedanken sind mehrheitlich frei!

INFO

TOURDAUER:
circa 8 Stunden (mit Pausen)

GEFAHRENE STRECKE:
290 km

Zum Karten und GPX-Daten Download
www.motorradonline.de/tour-6-stilfserjoch

ROADBOOK:

Für die meisten durchschnittlich fitten Motorradfahrer müsste diese 290-Kilometer-Tagesrunde ohne Überforderung machbar sein. Abends rechtschaffen müde? Keine Schande nach diesem Tanz über sechs geniale Pässe und einen unspektakulären Transit-Übergang (Foscagno). Die Reize dieser Stelvio-Stelvio-Tour werden Sie lange nicht vergessen, das garantieren wir!

1. **Start am Hotel in Trafoi.** Dann rauf auf das Joch (2757 Meter): Gleich einer Musik-Inszenierung wechseln sich lange harmonische Bögen mit schrillen Haarnadelkehren ab. Je weiter das Ostrampen-Asphaltgeschlängel in den Himmel steigt, desto schneller folgen die Kurven aufeinander. Kurz vor der Passhöhe kommt das Finale furioso eines Kehrentrommelwirbels. Oben dann kurz mal entspannen.

2. **Runtersurfen über die Westrampe** und gleichzeitig die Südflanke des Umbrail. Dann über Bormio, San Antonio und Santa Caterina rauf auf den Gavia (2618 Meter). Die Straße ist rumpelig, trotzdem oder gerade deswegen ein Erlebnis! Die Südrampe runter und über Pezzo, Zoanno, Davena und Monno über den Passo del Mortirolo (1852 Meter).

3. **Kurs Nord nach Vernuga.** Hier wieder südlichhaltenunddannwestlichüber LoveroundTirano.AbBrusiofastnördlich fahren und sich über den Lago di Poschiavo ranzirkeln an die Ostrampe des Bernina-Passes (2330 Meter). Das prächtige Alpenpanorama genießen und wenden.

4. **Die Ostrampe wieder runter.** War nur ein kurzer Abstecher, ein „Rauf- und Runter-Schnuppern", weil der Pass am Weg liegt. Weiter über den Forcola di Livigno (2315 Meter) und den Foscagno-Pass (2291 Meter). In Livigno sind Sprit, Spirituosen, Tabak und Kosmetik günstig.

5. **Jetzt folgt der Geheimtipp:** die Stichstraße zum Passo di Fraele (1941) entlang der Cancano-Seen. Jeder Meter lohnt. Kurz vor dem Ende wartet als Belohnung das Rifugio Ristoro Val Fraele. Man muss den gleichen Weg zurück. Nicht minder spektakulär. Jetzt zum Finale noch einmal über den Stelvio und runter nach Trafoi.

FOTOSPOT

1: Stilfser Joch, Kehren der Ostrampe, Passhöhenregion, Tibet-Hütte, Rotes Haus der Straßenmeisterei
2: Passhöhen Gavia (See)
3: und Bernina (Gebirgs-Panoramen)
4: Kreis-Viadukt von Brusio
5: Stichstraße zum Passo di Fraele: fast überall (Kehren, Seen etc.)

TOP-STRECKEN

Ostrampe des Stilfser Jochs: fahrerisch anspruchsvoll, viele sehr enge Kehren. Ostrampe des Bernina: oft weitere Kehren, guter Belag. Gavia- Pass: Erlebnis für Enduro-Fahrer, alle anderen werden ordentlich durchgerüttelt. Fraele-Pass: spannende Streckenführung, spektakuläre Panoramen

DER BESONDERE TIPP

Die Stichstraße zum Passo di Fraele: Sie wurde für den Bau der Staumauern des Lago di Cancano und des Lago di San Giacomo angelegt. 17 spektakuläre Kehren und prächtige Bergwelten machen sprachlos.

SCHWEIZ

TESSIN

BRÜCKE ZUM SÜDEN

Noch Schweiz oder schon Italien? Das Tessin betört mit einem mediterranen Mix aus Bergen und Tälern, Palmen und Seen an der Südseite der Alpen.

TEXT UND FOTOS: *Klaus H. Daams*

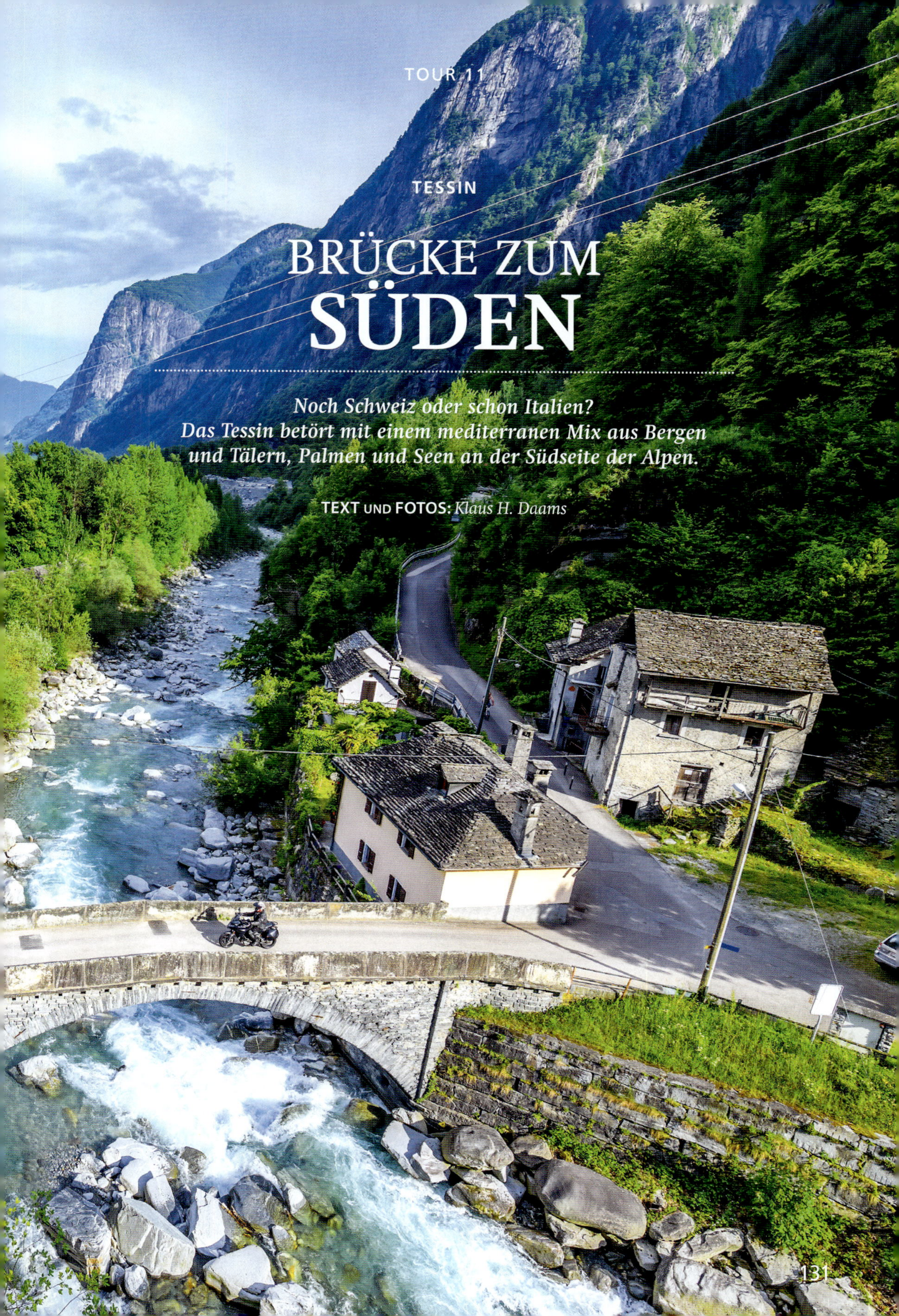

Die Triebwagen der Centovallibahn verbinden Locarno mit Domodossola in der italienischen Provinz Verbano-Cusio-Ossola (oben). Impressionen des Val Lavizzara (links) und des Hotel Belvedere.

Azzurro, so ist der Himmel für Verliebte, denn azzurro heißt blau", schlagerte 1968 Vico Torriani. Mehr als 50 Jahre später kannst du dich auch spontan verlieben - ins Tessin, südlichster Kanton der Schweiz, der sich zwischen Lago Maggiore und Corner See zipfelig nach Italien hineinschiebt und schon reichlich Dolce Vita in den Genen hat. Von Locarno aus, wo uns die Gnade des reisejournalistischen Auftrages das noble Hotel „Belvedere" als Quartier beschert hat, nehmen wir zunächst das Valle Maggia nebst Seitentäler unter die Ducati-Räder. Und entdecken dabei im Val Lavizzara, oberer Teil des Valle Maggia, eine Art Wasserfallunterfahrung, die auch Winnetou - oder war es Chingachgook, der sich hinter einem Vorhang aus herabstürzendem Wasser vor Verfolgern versteckt hat? - gefallen hätte. Wohl nur als Kletterkünstler weiter ginge es nördlich von Fusio am Lago del Naret, für uns aber Endpunkt des Val Sambuco am Oberlauf der Maggia. Das Val Bavona dann punktet zum einen durch Badeplätzchen an kristallklarem Wildwasser, zum anderen durch liebevoll restaurierte Rustici, traditionelle Stein- und Holzhäuser, viele davon unter riesigen Felsbrocken erbaut. Um solche kurven wir anschließend im Valle Rovana, eine Schlucht mit engen Spitzkehren, ideal, um Serpentinen zu trainieren respektive zu goutieren. Anschließend wird's flüssiger, hämmern der Testastretta der 1200er Multistrada und ihr rüstiger „Vorfahre", der Zweiventiler der 1000er Multi, weiter bergan bis Bosco Gurin. Zum Abschluss scheuchen wir die Cavalli im gemäßigten Galopp durchs oft als Rennbahn missverstandene Centovalli bis zur italienischen Grenze, ehe es zurück nach Locarno geht.

Montagmorgen. Staute sich gestern am Lago Maggiore der Ausflugsverkehr vermutlich ähnlich stark wie am Bodensee, so sieht das heute entspannter aus. Besonders von oben bei Brissago: Palmen und Villen am Hang, dazwischen ein Panoramablick auf den glatten See, durchkräuselt von den Heckwellen der Fähr- und Ausflugsboote. Die Suche nach dem noch perfekteren Postkartenmotiv führt zum Alpe di Neggia, einem 1395 Meter hohen Pass unweit des Nordostufers vom Lago Maggiore. Aber statt See von oben gibt's eher Bäume von allen Seiten. Wer die Motivjagd weiter fortsetzen möchte: Der Monte Bre bezirzt vor allem bei Sonnenuntergang mit einem romantischen Blick auf den Luganer See. Nüchtern betrachtet scheint das geschäftige Lugano und das Mendrisiotto, südlichster Teil des Tessins, zumindest für eilige Motorradfahrer jedoch suboptimal, scusi, und so steuern wir nun lieber wieder gen Norden, ins wilde, für seine felsigen Badeplätze und smaragdgrünes Quellwasser bei Lavertezzo berühmte Valle Verzasca. Wo nach 25 Kilometern Ende malerisches Gelände ist, am Dorfplatz von Sonogno.

Eine letzte Nacht im „Belvedere", dann startet die eine Multistrada gen Gotthard, während es die andere zu einem „italienischen Nachschlag" ins Piemont zieht.

Felsentor, Wald und Serpentine bei Fusio und nasser Straßentunnel im Val Lavizzara.

INFO

TOURDAUER:
circa 10 Stunden (reine Fahrzeit),
2 bis 3 Tage je nach Dauer und Frequenz von Fotostopps und (Bade-)Pausen

GEFAHRENE STRECKE:
400 km

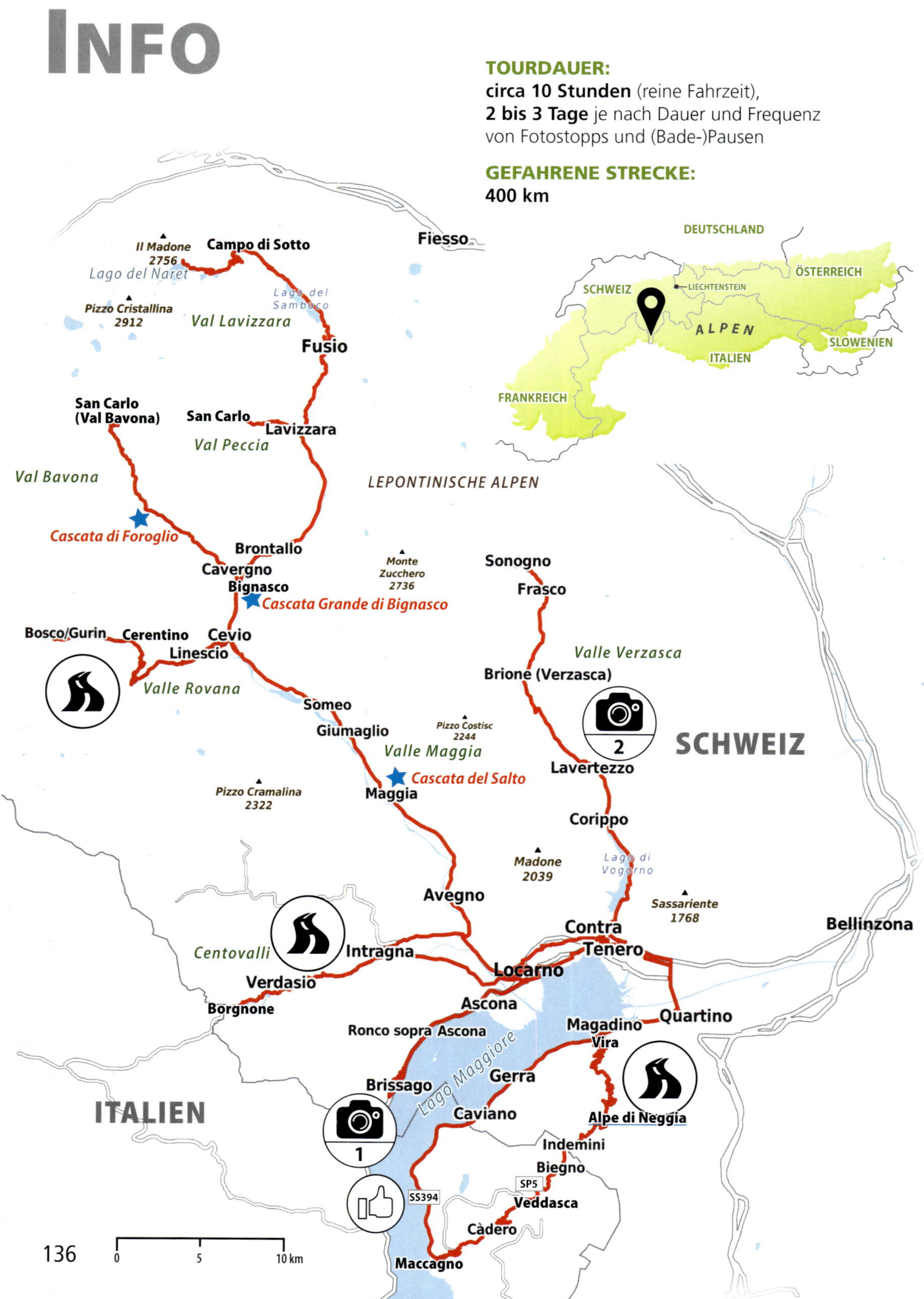

ROADBOOK:

Das Tessin ist ein echter Tausendsassa, mit Highlife am Lago Maggiore und einem bergigen Hinterland als Eldorado für engagierte Schluchtenflitzer.

1. **Von Locarno,** pulsierendes Zentrum am Lago Maggiore, ins Valle Maggia nebst seiner Seitentäler. In Tegna die Ponte Brolla links liegen lassen und weiter der Maggia und ihrem felsigen Bett folgen. In Cevio rechts halten bis Bignasco und dort ebenfalls rechts ins Val Lavizzara bis zum Ende bei Fusio.

2. **Weiter zum Lago del Sambuco** und Lago del Naret – oder gleich zurück und stattdessen eine leckere Siesta im „Grotto Pozzasc" (Gastro-Tipp), zu erreichen über einen Abstecher ins Val Peccia.

3. **Fast wieder in Bignasco,** dort nun rechts nach Cavergno ins Val Bavona, wo eine Flut traditioneller Steinhäuser das Auge, Gebirgsquellwasser in Naturbassins auch die anderen Körperteile erfreuen kann. Und wer kann enge Serpentinen? Antworten im nächsten Seitental, dem in Cevio abzweigenden Valle Rovana zum Walser-Dorf Bosco Gurin.

4. **Endeten bisher alle Täler** als Sackgassen, so ist das jetzt mal anders; an der Ponte Brolla in Tegna rechts ab, und durchs Centovalli könntest du nicht nur bis zur italienischen Grenze kurven, sondern noch viel weiter. Aber das Tessin hat ja noch mehr in petto, wieder ab Locarno.

5. **Statt gleich in die Berge,** von Locarno aus ins benachbarte Ascona und am Ufer des Lago Maggiore bis Brissago; dort serpentinenreich zu den höheren Lagen des Ortes mit Panoramablick auf den See. Retour, und nun an den Nordostzipfel des Lago bis Vira, ab wo es im Zickzackkurs über den Pass Alpe di Neggia wieder hinab bis zum See bei Maccagno geht.

6. **Am Ostufer entlang** und vorbei an Locarno hinein ins Valle Verzasca mit seinen felsigen Badeplätzen. Ende auch dieses Stichtals ist in Sonogno, danach eine letzte Nacht in Locarno.

Zum Karten und GPX-Daten Download
www.motorradonline.de/tour-5-tessin

FOTOSPOT

1: Fast ein bisschen Südseeromantik à la „Palmen mit See" bietet bei blauem Himmel oberhalb von Brissago der Blick auf den Lago Maggiore.
2: Schon ein Klassiker ist die Ansicht von Lavertezzo, wo vor den alten Steinhäusern des Dorfes die Verzasca durchs Bild schäumt.

TOP-STRECKEN

Während es im Valle Rovana mit seinen verwegenen Haarnadelkurven eher um Fahrzeugbeherrschung denn um motorische Spitzenleistung geht, gilt es auf dem schlängeligen Geläuf des gut ausgebauten Centovalli, sich als Mensch am Lenker selbst zu beherrschen.

DER BESONDERE TIPP

Badespaß versprechen Lago Maggiore und Luganersee, die Wassertemperaturen liegen dort von Juni bis Oktober deutlich über 20 Grad. Frischer, aber auch abenteuerlicher ist es zum Beispiel im Valle Maggia und Valle Verzasca in den felsigen Badelandschaften der vielen von Wildwasser gespeisten Flüsse (Achtung, Strömung!). Einen besonderen Kick kriegen Taucher am Ostufer des Lago Maggiore, wo bei San Nazzaro Wracks von Booten und Flugzeugen auf sie warten.

★ **HIGHLIGHTS:** siehe Karte

SCHWEIZER PÄSSE

DEN WOLKEN SO NAH

Mancher mag meckern über hohe Preise und rigide Verkehrskontrollen in der Schweiz. Doch niemand kann den Eidgenossen absprechen, dass ihre Berglandschaften zu den schönsten der Welt zählen. Das beweist auch unsere Runde über einige ausgewählte Pässe, deren landschaftliche Reize sprachlos machen. Deswegen muss noch eine Extra-Route unter die Räder genommen werden.

TEXT: *Markus Biebricher* **FOTOS:** *M. Biebricher, Klaus H. Daams (2)*

TOUR 12

N46°35'15.126 E8°19'51.5424

Jetzt geht es hoch auf den Grimselpass und rein in eine überirdische Berglandschaft

Jeder Pass ist auf seine Art ein unvergessliches Erlebnis: Splügen (oben) und Albula (unten).

Red Suzie liebt Schräglagen, hier fetzt sie gerade den Gotthard hinauf.

Wer auch immer uns vom Berggasthaus Dammagletscher in der Nähe von Göschenen erzählt hatte, er lag richtig! Warum? Weil die Anfahrt kurvenreich ist, weil gleich nebenan der Göscheneralpsee und ein bewegendes Alpenpanorama vor der Nase liegen. Jetzt färben sich die Bergspitzen rot in der Abendsonne und spiegeln sich im Wasser. Fernsehen haben die Zimmer im idyllischen Gasthof nicht, wir vermissen den Screen aber auch keine Sekunde. Denn die Berge machen was mit uns. Sie entschleunigen, verleihen der Seele Ruhe, und jetzt verspüren wir auf einmal keine Lust mehr, in einem Marathon die Pässe hoch und runter zu hetzen. Viel zu schön ist die Natur, als dass man sie zu schnell an sich vorbeiziehen lassen sollte. Und so fängt der nächste Tag gemütlich bei einem leckeren Frühstück an. Der See lockt zum Spaziergang, von hier aus wären auch, wollte man die Motorradstiefel gegen Wanderschuhe tauschen, erlebnisreiche Bergtouren möglich. Kurzerhand beschließen wir, eine weitere Nacht am See zu bleiben, bewegen und entspannen uns immer weiter im Angesicht dieser wahrhaft grandiosen Bergnatur.

Nach zwei Tagen glotzt die angejahrte, aber in Topform befindliche Suzuki V-Strom richtig vorwurfsvoll aus ihren riesigen Scheinwerfern. Jaja, ist ja gut, wir wollen ja auch am liebsten alles auf einmal: Motorrad fahren, wandern, bergsteigen, mountainbiken, fliegen, aber das geht halt nicht

Stelvio: die spektakulären Kehren am besten frühmorgens oder abends befahren.

gleichzeitig auf diesem Planeten. So wird Red Suzie gesattelt, und kurze Zeit später sieht man sie mit zwei Menschen und Gepäck entfesselt den Susten unter ihre Bridgestone Trail Wing nehmen. Ein kurzer Halt am Steinsee, dann schwingt sie sich dynamisch die Kehren runter und saugt sich über Innertkirchen und Guttannen an den Grimsel heran. Herrlich ist das: erst am grünen See vorbei, dann in achterbahnartigen Schleifen und frechen Schräglagen immer höher und höher. Ab und zu ein kurzer Stopp, das Panorama genießen, und schon sind wir oben und am Abzweig der Panoramastraße Oberaar. Die ist ein Muss: Einspurig windet sie sich auf sechs Kilometern durch eine fast überirdische Bergwelt. Ein Fest für die Sinne. Was nicht aufhört, als uns dann im Berggasthaus Oberaar auf der Sonnenterrasse mit Blick auf die Gletscher ein oberleckeres Käsefondue serviert wird. Ist das hier das Paradies, oder was?

Über Oberwald und Ulrichen geht es dann rauf auf den schönen Nufenen. Auch hier wieder herzerweichende Berglandschaften, und auf dem Weg runter nach Airolo entzücken typisch tessinische Bergdörfer. Anschließend frisst der kräftige Suzuki-V2 mal eben die alte Südtrasse auf den Gotthard. Immer wieder ein Erlebnis. Genau wie die Pässe Oberalp, Lukmanier und der tiefe Schwenk nach Süden über Biasca, Grono, wieder hoch nach Norden und über den Splügenpass rein nach Italien und wieder raus Richtung Malojapass. Wunderschöne Pässe, jeder auf seine Art. Kurz der glitzernde Glamour von St. Moritz, dann wartet der Albula, und der ist tausendmal attraktiver als pseudomondäne Menschen und glänzende Ferrari. Über Albula, Thusis und Tamins schwingt Red Suzie nach Westen, will zurück zum Dammagletscher, doch wir schaffen es nur noch bis Disentis. Morgen geht es weiter!

Red Suzie in Splügen (unten), am Albula traf Sie auf eine ebenso ambitionierte Triumph (oben).

N46°43'46.4304 E8°26'48.5448

Die Aussichten am Sustenpass verzücken Motorradfahrer aus der ganzen Welt

SHOEI
SHOEI
SUZUKI

INFO

TOURDAUER:
2 Tage bei Einkehr mit Übernachtung

GEFAHRENE STRECKE:
574 km

ROADBOOK:

1. **Start: Berggasthaus Dammagletscher.** Über kleine Straße aus der Sackgasse hinaus zur alten Gotthardstraße fahren. Links Richtung Wassen abbiegen. In Wassen hinter Tankstelle links in Sustenstraße einfahren (11) und kleine Rast am Steinsee hinter dem Sustenpass einlegen (Fotostopp). In herrlichen Serpentinen führt die Straße 23 Kilometer bis Innertkirchen. Links abzweigen auf die 6 und entlang der Aare bis zur Grimselpasshöhe fahren.
2. **Hinter der Passhöhe** lohnt der sechs Kilometer lange Abstecher entlang der Panoramastraße Oberaar zum Oberaarsee. Zurück auf der Hauptstraße, geht es bergab zur Furkastraße (19) – Blick auf den Rhonegletscher. Dort rechts ab in Richtung Ulrichen. Vor dem Ortskern rechts in die Nufenenstraße einbiegen und dieser 14 Kilometer bis zum Nufenenpass folgen. Talwärts Richtung Airolo und von dort aus wahlweise die alte

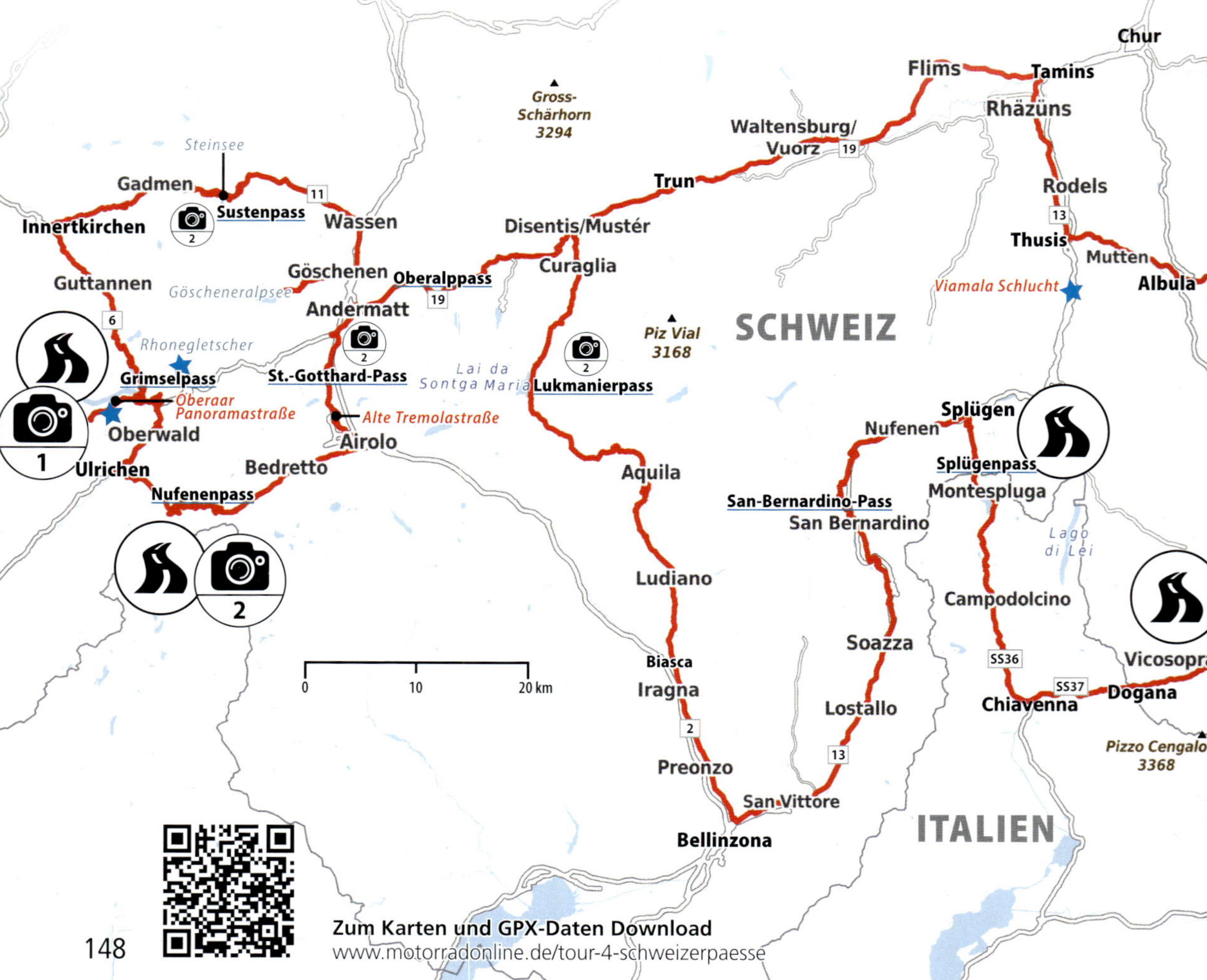

Zum Karten und GPX-Daten Download
www.motorradonline.de/tour-4-schweizerpaesse

Tremolastraße zur St.-Gotthard-Passhöhe (Empfehlung) oder die schneller zu fahrende 2 nehmen. Von der Passhöhe aus geht es über Hospental nach Andermatt.

3. **In Andermatt rechts abbiegen** zur Oberalpstraße (19) und dieser 33 Kilometer bis Disentis/Mustér folgen. Rechts ab in die Via Lucmagn, über den Lukmanierpass talwärts Richtung Biasca fahren. Weiter südlich auf der 2 bis kurz vor Bellinzona. Rechts abbiegen. Parallel zur Autobahn über Grono, Cama, Soazza bis hoch zur San-Bernardino-Passhöhe. Etwas ruhiger und landschaftlich schön erfolgt die 16 Kilometer lange Abfahrt bis zur Brücke, die den Hinterrhein überquert.

4. **In Splügen** verlässt man die 13 in südlicher Richtung und biegt ab auf die Latten-Tal-Piste Richtung italienische Grenze. Schöne Kehren zum Splügenpass. Ab Italien wird die Straße zur SS36. Dieser 31 Kilometer bis Chiavenna folgen. Im Ort links in die Via Nazionale und 10 Kilometer später retour über die Schweizer Grenze.

5. **Ab hier beginnt,** der 3 folgend, der Aufstieg zum Malojapass. Vorbei am Silsersee ins mondäne St. Moritz. Alles zu touristisch? Dann freut man sich umso mehr auf den Albulapass (2315 Meter). Dafür zwölf Kilometer hinter St. Moritz in La Punt links in die Albulapassstraße fahren. Nun folgt eine schöne 40-Kilometer-Etappe über den Pass bis Albula. Hier im Kreisverkehr rechts auf die 3 und in der ersten Kehre in die Schynstraße. Bis Thusis folgen, dort auf der 13 nördlich Richtung Tamins fahren. In Tamins Ortsmitte biegt man auf die 19 nach Westen ab und folgt der Strecke 50 Kilometer bis Disentis/Mustér.

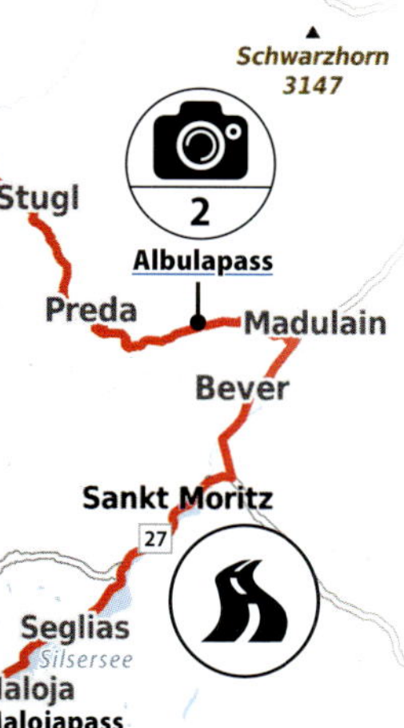

FOTOSPOT

1: Grimsel, Oberaar Panoramastraße
2: die Pässe Nufenen, Lukmanier, Maloja, Albula, Susten, Gotthard
3: Stilfser Joch, Umbrailpass

TOP-STRECKEN

Natürlich Passstraßen wie Grimsel, Nord- und Südrampe, wie Nufenen, Splügen, Umbrail oder Stilfser Joch. Zustandsberichte z. B. unter: **www.alpen-paesse.ch**

DER BESONDERE TIPP

Wer das panoramareiche Stilfser Joch (Passo dello Stelvio) erleben möchte, dem empfehlen wir einen Extra-Trip von St. Moritz über Livigno- und Umbrailpass zum Stelvio. Hoch, wieder runter und retour über Santa Maria, Tschierv, Susch, Davos und bei Albula wieder auf die Hauptroute.

HIGHLIGHTS: siehe Karte

KLAUSENPASS-TOUR

WIE BEIM ALLERERSTEN MAL

Alles so wie damals, als der Klausen für die persönliche Alpenpass-Entjungferung herhalten musste? Mitnichten, denn nach gut einem Vierteljahrhundert hat sich nicht nur der Straßenbelag geändert. Zum Glück.

TEXT UND FOTOS: *Thorsten Dentges*

Von der eigentlichen Passhöhe noch ein Stück entfernt: das Hotel Klausen- Passhöhe (Bild oben). Rastmöglichkeiten mit Zugriff etwa auf leckere Rüblitorte gibt es entlang der Strecke genügend.

Sanfte Kurven zur Entspannung am Ufer des Sihlsees.

Feucht, später zunehmend nass und glitschig. Die Erinnerung daran ist noch sehr lebendig. Ich war Anfang zwanzig und zum ersten Mal mit dem Motorrad in der Schweiz. Als Nordlicht, das bis dahin nicht allzu viele Berge gesehen hatte, war das Alpenpanorama, welches sich vor dem Mini-Windschild der Honda Dominator auftat, eine Offenbarung. Wäre da nicht dieses gottverdammte Kopfsteinpflaster gewesen. Nass und glitschig.

So hatte ich mir meine allererste Alpenpassbefahrung nicht vorgestellt. Bis Glarus war ich bester Dinge, freute mich regelrecht auf die vor mir liegenden etwa 45 Kilometer Bergstraße. Doch ungewohnte Steigungen, die rumpelige, rutschige Fahrbahn sowie derart enge Kurven, wie ich sie zuvor nur aus Parkhäusern kannte, ließen mich fast verzweifeln. Völlig verkrampft und holzig klammerte ich mich an die Lenkstange, den Rücken durchgedrückt zum Hohlkreuz, permanent mit der Stiefelspitze nervös nach dem Bremshebel tastend, die klammen Handschuhfinger an die Kupplung gelegt in dauernder Habachtstellung. Serpentinen ließen sich auf diese Weise natürlich nicht so geschmeidig wie eine Natter bewältigen, statt rundem Bogen glich die Fahrlinie wohl eher einem halb geöffneten Vieleck.

Au weia, und dann noch diese Kuhfladen auf dem Asphalt. Viecher gab es in der niedersächsischen Heimat auch genug, allerdings eingepfercht in Agrar-Knäste und nicht wie hier frei rumlaufend mitten auf der Straße. Milkakühe, Schweizer Schokolade, Alpenpanorama – so süßlich war zuvor das naive Bild von der Erstbesteigung einer endlich mal wirklichen Passhöhe, immerhin fast 2000 Meter hoch. Und das per Motorrad. Doch beängstigende Gewitterwolken in kalten Höhen und eine permanent fordernde Straßenführung mit teils nicht einsehbaren Kurven ließen die Realität anders aussehen. Kurzum: Ich habe mir damals auf dem Klausen fast in die Hosen geschissen.

Logisch, dass ich den mangelnden Fahrspaß auf die Reifen geschoben habe. Ja klar, die gut abgehangenen Semi-Grobstöller hafteten nicht gebührlich, daher der unrunde Fahrstil, daher die zusammengekniffenen Pobacken, daher auch der Schweiß auf der Stirn unterm Helm. Mit speziellen Nässe-Kopfsteinpflaster-Kuhfladen-Pneus (komischerweise auf dem Markt nicht verfügbar) hätte ich den Klausen ganz bestimmt anders gemeistert – meisterlich eben. Redete ich mir zumindest ein. So aber war ich einfach nur froh, den Bergpass hinter mir zu lassen, um nach fürchterlichem Wiederheruntergeeiere in Richtung Schwyz, der Hauptstadt des gleichnamigen Kantons, abzudrehen. Dort Schümli-Kaffee und schon mal an der Legende arbeiten, wie das Motorrad im Sliding-Stil rasant durch die Schweizer Berge getrieben wurde. Denn das ist es doch, was daheimgebliebene Flachländer hören wollen. Odrrr?

Die Jahre sind vergangen, die Reifentechnik hat sich ohne Zweifel verbessert, auch die Motorräder durch allerlei Assistenz wie ABS oder Traktionskontrolle. Nun stehe ich erneut vor dem Klausen, diesmal jedoch von Altdorf aus. Das Reisemobil, wieder eine Honda, ist ordentlich straßenbereift, bietet Automatikgetriebe, starke Bremsen und genügend Komfort für eine schöne Alpentour. Kein Pardon also. Außer, dass die Crosstourer fast zwei Zentner mehr auf den Rippen hat als meine schlanke Domina damals.

Doch bevor jetzt wieder Fahrzeugtechnik als Entschuldigung für etwaig misslungene Kurvenlinien und unfreiwillige Rutscher herhalten muss: Nein, mittlerweile habe ich unzählige Alpenpässe auf allen möglichen Gefährten bewältigt, konnte mich in Sachen „dynamische Radius-Kalkulation auf Asphalt" genügend fortbilden und bin regelrecht zum Bergstraßen-Junkie geworden. Der Klausenpass stand allerdings seit dem Ersterlebnis seinerzeit nur noch einmal auf dem Programm, und da hatte es geschifft wie Sau. Zeit also, jetzt das Trauma zu bewältigen!

Die Anfahrt vom Zürich- und Sihlsee aus: entspannt. Strahlender Sonnenschein, relaxte Wochenendstimmung an einem Spätsommertag. Harmonisch aufeinanderfolgende Kurven am Seeufer, sauberer Asphalt, alles recht flach und harmlos. Die erste fahrtechnische Herausforderung und somit ein Bonbon: der Ibergeregg-pass hoch auf immerhin 1406 Metern. Allein schon die omegarunde Kurve auf der Passhöhe würde ich am liebsten gleich dutzendmal durchfahren. Genial, diese Strecke, vor allem runter Richtung Schwyz, wenn sich plötzlich der freie Blick auf den verschachtelten Vierwaldstättersee auftut. Wie ein kitschiges Gemälde – wohl nur kompletten Ignoranten ginge bei solcher Farbenfroheit das Herz nicht auf.

Wiesen und Himmel in Technicolor – wie ein kitschiges Gemälde

Unten auf der Trasse entlang des Ufers vom wohl populärsten Schweizer Gewässer, der ab Brunnen nach Süden hin übrigens Urnersee und nicht Vierwaldstättersee heißt, stört Touristengedrängel den freien Fahrfluss. Bei diesem Wonnewetter treibt es wohl viele nach draußen und in die Berge: Oldtimer, Cabrios, Roadster, Sportautos und Motorräder aller Marken und Klassen. Spannend anzusehen, aber ermüdend, wenn man im zähen Verkehr festhängt. Hinter Flüelen respektive Altdorf flutscht es zum Glück wieder – Yippiejaja yippie yippie yeah, auf geht's zur Klausen-Passhöhe!

Das imposante Gewicht der Honda versüßt die Talfahrt (oben). Blick vom Ibergereggpass auf den Vierwaldstättersee (unten).

Imposant: das Kloster Einsiedeln. Die doppeltürmige Stiftskirche entstand zwischen 1719 und 1735 nach den Plänen von Bruder Caspar Moosbrugger.

Wo ist eigentlich das Kopfsteinpflaster geblieben? Hatte ich mir nicht an genau dieser Stelle vor 25 Jahren vor Sorgen und Ängsten nicht fast die Lippe blutig gekaut? Jetzt hingegen sehe ich nur sauber planierte Fahrbahn, offenbar waren fleißige Straßensanierer am Werk. Das schafft Vertrauen. Ich schalte das DCT-Getriebe in den Sport-Modus und lade forsch durch. Beim Anbremsen in die ersten Spitzkehren mit einer großen Portion Geschwindigkeitsüberschuss, die per Bremshebel auf ein gesundes Maß reduziert werden möchte, staucht das Riesen-Reisemotorrad ziemlich zusammen. Fühlt sich aber gut an. Schneller als gedacht kommt das Hotel Klausen-Passhöhe in Sichtweite. Der mit Motorrädern gut bestückte Parkplatz animiert zu Rast und Pause.

Wie beim allerersten Mal staune ich über den Blick in die Weite. Nur dass diesmal keine bedrohlichen Gewitterwolken über dem Tal schweben, sondern Felsen, Wiesen und Himmel in Technicolor strahlen. Der Wow-Effekt setzt sich bis zur Passhöhe und dahinter fort. Wie in Trance schwinge ich auf der Honda hin und her, finde den richtigen Groove. Unglaublich, wie sich die Wahrnehmung ändert. Die Straße, die sich für mich damals als Alpenpass-Novize noch wie eine uneinnehmbare Festung anfühlte, erlebe ich jetzt lieblich und unterhaltsam wie einen Flug im Kettenkarussell. Auf der Talstraße Richtung Glarus überlege ich kurz, umzudrehen und die berauschende Kurvenfahrt zu wiederholen. Doch der Blick auf die Uhr mahnt zur Weiterfahrt, schließlich möchte ich noch eine Badestelle am Walensee ansteuern. Den Tipp hatte mir ein Schweizer Motorradfahrer unterwegs gesteckt, und noch wärmt die Sonne genug, sodass nach einem Ausflug ins kühle Nass keine fahrtwindbedingte Unterkühlung auf dem Motorrad droht.

Mit leicht feuchten Haaren unter dem Helm geht es zurück ins Oberland am Zürichsee. Glücklich, zufrieden, erfüllt. Alles war nun besser als damals, und zwar nicht nur die Reifen oder die Straßenbeschaffenheit. Aber auch wenn diese aktuelle, in allen Belangen fast perfekte Vier-Seen-Runde sich unwiderruflich ins Gedächtnis brennen wird: Die Erinnerungen an den Klausen damals mit all seinen Tücken werden garantiert nicht verblassen. Denn der allererste Alpenpass bleibt wohl für immer tief in des Motorradfahrers Seele verankert.

Die Bergwelt bei Glarus scheint dem kitschigen Gemälde eines romantischen Malers entsprungen.

INFO

TOURDAUER:
circa 7–8 Stunden (mit Pausen),
1,5 Tage bei Einkehr mit Übernachtung

GEFAHRENE STRECKE:
210 km

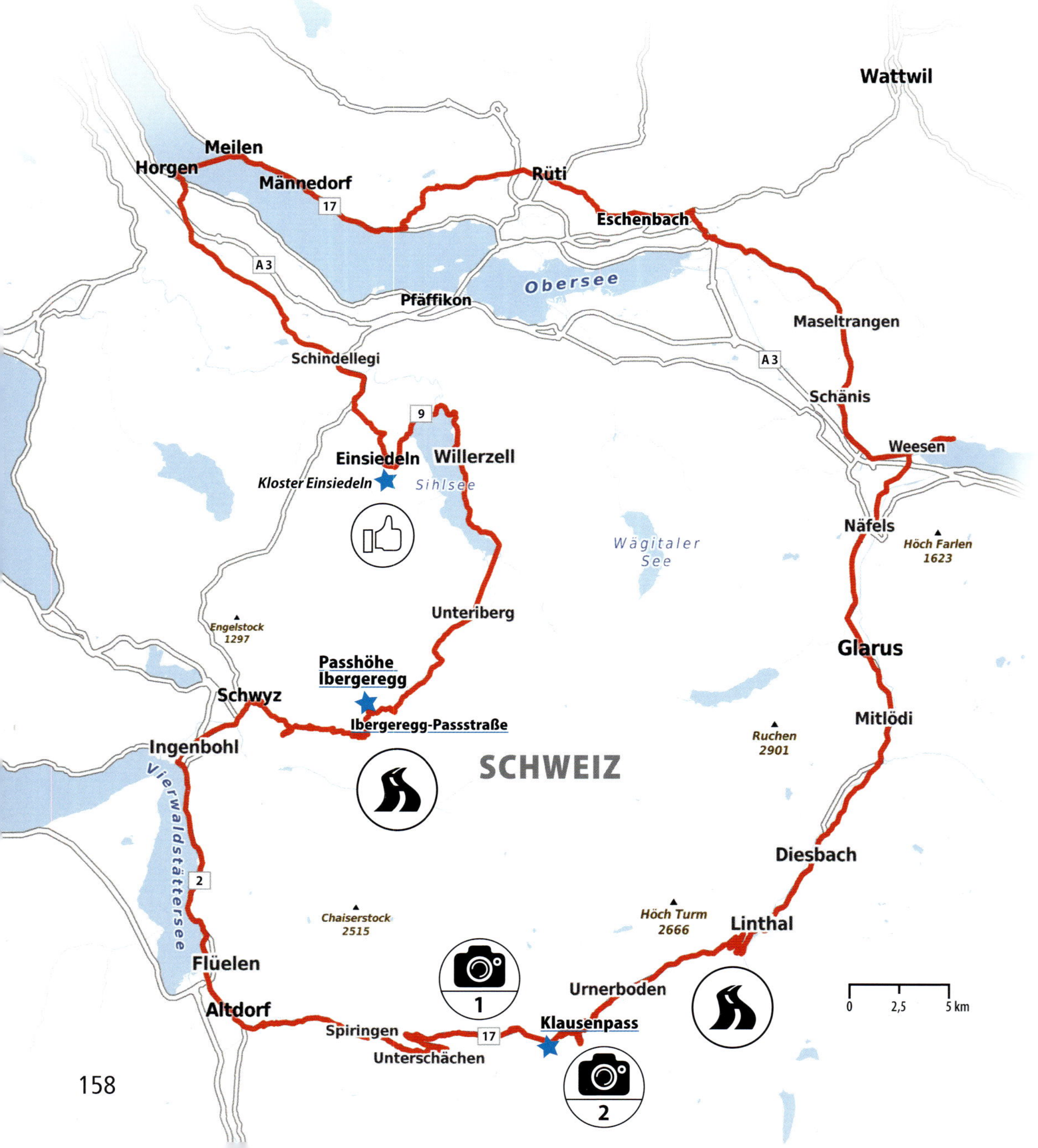

ROADBOOK:
Vier Seen an einem Tag – alle zumindest ein wenig im Vorbeifahren gestreift. Highlight der Tour, auf der man bei sommerlichem Wetter aufgrund einiger Badestellen unbedingt die Badehose einpacken sollte, ist aber der Klausenpass mit seinem vollwertigen alpinen Flair. Allerdings ist auch der Abschnitt am Sihlsee und der weniger bekannte Ibergereggpass fahrtechnisch ein Bonbon. Schöne Einsteigertour, um die Schweiz in ihrem Reichtum an Facetten schon mal kennenzulernen.

1. **Passend zur Seen-Tour:** Start am Fähranleger in Meilen mit zünftiger Seefahrt über den Zürichsee (einfache Überfahrt Motorrad: 5 sFr). Ab Horgen stadtauswärts nach Südosten bergauf Richtung Samstagern und Schindellegi und auf kleiner Straße über Bennau bis nach Einsiedeln.

2. **Das nächste Gewässer:** Sihlsee. Entlang des Nordufers bis Willerzell (Ostufer) und der Straße folgen bis hinter Euthal (toller Seeblick!), schließlich im Süden auf der Rütistraße den See hinter sich lassen. Nun aber ab in die echten Berge! Über eine schön zu fahrende Kurvenstraße bis zur Passhöhe Ibergeregg (1406 m), dort optimale Rastmöglichkeit (viele Motorradfahrer, Terrasse mit grandioser Panoramasicht beim Restaurant)

3. **Der Bergstraße folgen** mit wunderbarem Blick runter auf den Vierwaldstättersee. Im Ort Schwyz auf der 8 weiter nach Brunnen bis zum Ufer des Vierwaldstättersees (in Hauptreisezeiten oft viel nerviger Verkehr). Weiter geht es hinter Altdorf auf dem Klausenpass – Top- Aussicht kurz vor der Passhöhe (1948 m) und Rastmöglichkeiten beim Hotel Klausen-Passhöhe sowie Snacks auf der eigentlichen Passhöhe.

4. **Spitzenpanorama** auch hinter der Passhöhe! In Glarus auf der 17 bleiben, nach Norden und in Richtung Weesen am Walensee halten (eventuell Pause machen am Badeplatz Betlis). Schlussendlich über kleine Straßen und Ortschaften (Eschenbach, Rüti, Hombrechtikon) oberhalb vom Zürichsee zurück zum Start- und Zielpunkt Fähranleger Meilen.

FOTOSPOT
1: gute Aussicht am Parkplatz an der Passhöhe Ibergeregg nach Osten hin
2: der sich weit öffnende Panoramablick ins Tal kurz vor der Passhöhe Klausen

TOP-STRECKEN
Ibergeregg-Passstraße runter Richtung Schwyz; ab Klausen-Passhöhe bis Linthal – schönste Kurven, sehr alpines Feeling

DER BESONDERE TIPP
Pause einlegen am Kloster Einsiedeln. Den opulenten Barockbau sollte man, sofern geöffnet, unbedingt von innen bestaunen. Die Schwarze Madonna ist bei Pilgern sehr beliebt.

Zum Karten und GPX-Daten Download
www.motorradonline.de/schweiz-klausenpasstour

NATURPARK GANTRISCH

VOM REIZ DER ENTSCHLEUNIGUNG

Zu den Flanken von Eiger, Mönch, Jungfrau und auf wunderbaren Wegen durchs Berner Oberland. Das wäre die große Lösung. Unsere Tour durch den verwunschenen Naturpark Gantrisch beweist allerdings, dass auch kleine Gebiete üppige Reize haben können.

TEXT: *Daniel Lengwenus* **FOTOS:** *Jörg Künstle*

Blick vom Ättenberg auf den Schwarzsee (oben), große Rindershow in Riffenmatt (unten).

Bei der Rindershow in Riffenmatt gibt es in vielen Kategorien große Glocken zu gewinnen. Diese werden allerdings nicht an den Hals, sondern eher vors Haus gehängt.

Die Schweiz ist ein Schmelztiegel an kulturellen Eigenheiten und historischen Spannungsfeldern. Zahllose Geschichten sind hier in den Tälern komprimiert, fluten die Hänge hoch. Solchen Strömungen wollen wir nachspüren im Berner Oberland. Doch dann geraten wir in das Gravitationsfeld des „Röstigrabens", der die Grenze zwischen deutschsprachiger und französischsprachiger Schweiz bildet. Das eigentliche Berner Oberland muss warten, wir verirren uns nach Fribourg.

Hier verläuft der „Röstigraben": In Fribourg ist er manifestiert im Flüsschen Saane, das mitten durch die Stadt fließt. Wer über die aus Holz gebaute alte Berner Brücke fährt, begibt sich noch innerstädtisch in die deutschsprachige Schweiz und damit in den Einzugsbereich der berühmten Kartoffelrösti, eines der Nationalgerichte der Schweiz. Auf der anderen Brückenseite dominiert eher das Fondue au Fromage. Der „Röstigraben" schert sich nicht um politische Grenzen, er teilt den Kanton Fribourg ungeniert in zwei Teile. Das trifft die Kantonshauptstadt Fribourg. Vielleicht bleibt sie auch deshalb trotzig rein französischsprachig. Die deutschsprachige Minderheit (man spricht die „Berndüütsch" genannte Variante der schweizerdeutschen Mundart) hat hier nichts zu sagen, zumindest nicht auf Deutsch.

Fribourg besitzt die größte erhaltene Altstadt der gesamten Schweiz. Mit ihren ehrwürdigen Gemäuern und geschichtsträchtigen Gassen scheint sie auf einmal ein passender Startpunkt für die Tour mit einem fabrikneuen Oldtimer, der Royal Enfield Interceptor 650, deren 47 PS für eher moderate Motorisierung stehen. Das ist nicht abschätzig gemeint, im Gegenteil. Wer glaubt, dass brutale Beschleunigung und hohe Geschwindigkeiten die Essenz einer Motorradtour sind, sollte lieber nicht in die Schweiz kommen. Hier zählen andere Werte.

N46°46'2.7336 E7°29'2.9652

Von Wattenwil aus blickt man auf die mächtigen Drei- bis Viertausender des Berner Oberlands

Es geht hier keinesfalls um Langsamkeit als Selbstzweck. Es geht vielmehr um angemessene Geschwindigkeiten oder sogar um Veränderungen in einem umfassenderen Sinn: im Umgang mit sich selbst, den Mitmenschen und der Natur. Auf den gewundenen Sträßchen des Naturparks Gantrisch zum Beispiel ist die landesweit erlaubte Landstraßen-Höchstgeschwindigkeit von 80 Stundenkilometern schon überraschend schnell. Und in Kurven, die vielleicht mit 60 Sachen ausgereizt sind, kommt es definitiv zu Ausschüttung von Endorphinen. Bis auf Badehandtuchbreite schrumpft hier manches Sträßchen und bleibt dennoch asphaltiert. Genau das Richtige für eine Wandertour auf zwei Rädern und typisch für die entschleunigende Wirkung des Gantrisch-Gebietes.

Auch vor Wattenwil lockt wieder so eine winzige Straße. Sie führt hinein ins Schweizer „Auenland": Sanft geschwungene, grüne Hügel begrenzen ein idyllisches Wiesental. Käme da gleich ein kleiner Hobbit um die Ecke, man würde sich nicht wundern. Der ganze Gantrisch ist eine mit Sagengeschichten gefüllte Schatzkammer, die sich aus vergangenen Zeiten erhalten hat und nicht nur Wanderern, sogar Motorradfahrern zuzuraunen scheint, man möge sich doch die Zeit nehmen, mal auf abgelegenen Pfaden den magischen Dimensionen der Wirklichkeit nachzuspüren.

Geschichten über Elfen und Trolle gehören dazu. Oder Wege, die extra dazu angelegt wurden, im „Wald zu baden" und die Landschaft mit allen Sinnen wahrzunehmen. Hinter der nächsten Kuppe warten allerdings keine Zwerge, sondern real existierende Riesen: Über den Thunersee hinweg grüßen Eiger, Mönch und Jungfrau, in weiße Pracht gehüllt. Ein atemberaubender Ausblick auf diese erhabenen Berge, man kann sich kaum losreißen. Insbesondere, wenn bei Sonnenuntergang die Berner Alpen zu glühen beginnen.

Spätestens jetzt wird klar, wie wohltuend es ist, etwas Zeit zu haben, die Sorgen des Alltags zu vergessen. Doch kaum ist die Sonne weg, wird es schlagartig kalt. Wir wollen weiter, bevor dieser herrliche Tag komplett erlischt. Eine wunderschön zu fahrende, kurvenreiche Bergstrecke führt durch den Gurnigelwald hoch nach Gurnigelbad. Das dortige Gasthaus, welches an Wochenenden ein gut besuchter Motorradtreff ist, bietet Quartier. Wir sind der Wirtin dankbar, dass sie für uns die eigentlich schon geschlossene Küche noch mal öffnet. Es gibt überbackenes Käsebrot – oder besser: einen Teller voll regional hergestelltem Käse, unter dem sich irgendwo noch eine Scheibe Brot versteckt. Lecker, aber üppig. Bettschwere ist damit garantiert.

Eine wunderschöne, kurvenreiche Bergstrecke nach Gurnigelbad

Hochgefühle am nächsten Morgen. Die Enfield brummt entlang der Flanken eindrucksvoller Lokalberge. Alle sind über 2000 Meter hoch: der namensgebende Gantrisch misst 2176 Meter, der Bürglen 2165 und der Ochsen gar 2189 Meter. Das ist Hangsurfen vom Feinsten, ja fast Einssein mit der Natur. Wenn so was überhaupt mit einem Motorrad funktioniert, dann hier mit dieser dezent blubbernden Anti-Protz-Maschine aus Indien. Immer wieder müssen wir anhalten, um Panoramen zu genießen: Im Norden lockt das wunderbare Alpenvorland mit saftigen, duftenden Wiesen und dunklen, würzigen Wäldern. Von hier oben sieht die Landschaft aus wie ein Modellbahn-Idyll. Darüber wölbt sich ein blaues Firmament. Kleine Sträßchen, die sich durch diese Postkartenlandschaft winden, sorgen für Fahrspaß.

Aussicht auf die Dents Vertes von der Grön (oben). Leckeres Käsefondue im „Hotel Bad“ in Schwarzsee (unten).

Hier ist man im Einklang mit sich selbst und der Natur: Typisches Bauernhaus in Rüti bei Riggisberg.

Unglaublich, wie dynamisch der Kurvenswing diesseits der 80 km/h sein kann. Irgendwie gelangen wir auf einspuriger Straße nach Riffenmatt. In dem kleinen Weiler riecht es streng nach Kuhdung. Das kennt man ja auf dem Land, aber nicht derart stark. Der Grund: Auf einem großen Platz stehen über Hundert Kühe in Reih und Glied. ,„Eine Auktion?", frage ich den jungen Mann, der in kurzer Lederhose und weißem Hemd auf mich zukommt. Nein, das sei eine Prämierung der schönsten Milchkühe. Was denn so ein hübsches Tier wert wäre, will ich wissen. „Sicher mehra als dini Töff!" Also mehr als mein Motorrad? Na ja, am Ende beziffert der Jungbauer den Wert des kessen Viehs auf über 5000 Franken. Die Enfield kostet etwa 6800 Euro. Darüber muss der Landwirt doch staunen.

Nach erfolgreichem Auftritt hängt man den Siegerkühen übrigens riesige Glocken um den Hals. Mindestens so schwer wie das Getriebegehäuse der Enfield. Hier nicht zu gewinnen kann also echte Erleichterung sein.

Wieder taucht die Sonne alles in goldenes Licht. Deswegen biegen wir vor dem „Gasthof Mösli" noch einmal ab und cruisen hoch zum Ättenberg. Von hier oben schweift der Blick über die rund 2000 Meter hohen Dents Vertes, die grünen Zacken. Dahinter liegt die französischsprachige Welschschweiz und Gruyère, die Heimat jenes würzigen Almkäses, der wichtiger Bestandteil eines weiteren Schweizer Nationalgerichtes ist. Genau das, ein Käsefondue, soll es heute Abend zum Abschluss unserer kleinen „gigantrischen" Runde geben.

Wer nun glaubt, es gäbe diese typische Speise in der Schweiz in jedem Restaurant, der irrt. Manche Wirte lehnen das Angebot wegen der starken Geruchsentwicklung mittlerweile ab. Die Küche des „Hotels Bad Schwarzsee" nicht, hier gibt es das ersehnte leckere Käsefondue – sogar zweisprachig. Der Konsum kann übrigens zum Tode führen. Wer beim Eintauchen sein Stückchen Brot im Käse verliert, wird traditionsgemäß mit einem Stein am Fuß im Genfersee versenkt. Nicht der einzige Grund, noch etwas am Schwarzsee zu entschleunigen und weiteren Sagen nachzuspüren.

Die goldene Herbstsonne taucht die malerische Landschaft in ein warmes Licht.

N46°40'13.6524 E7°17'6.918

Der Schwarzsee ist der perfekte Ort für magische Momente

INFO

TOURDAUER:
circa 5–6 Stunden (ohne Pausen), **1 langer Tag** (mit Übernachtung vorher und nachher)

GEFAHRENE STRECKE:
180 km (davon circa 4 km Schotter)

DEUTSCHLAND
SCHWEIZ
LIECHTENSTEIN
ÖSTERREICH
ALPEN
SLOWENIEN
ITALIEN
FRANKREICH

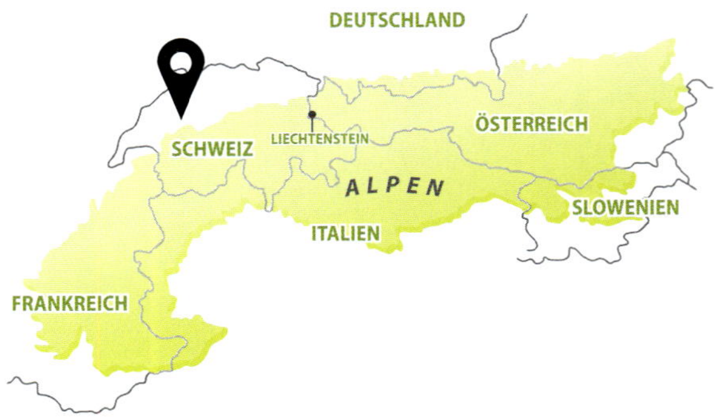

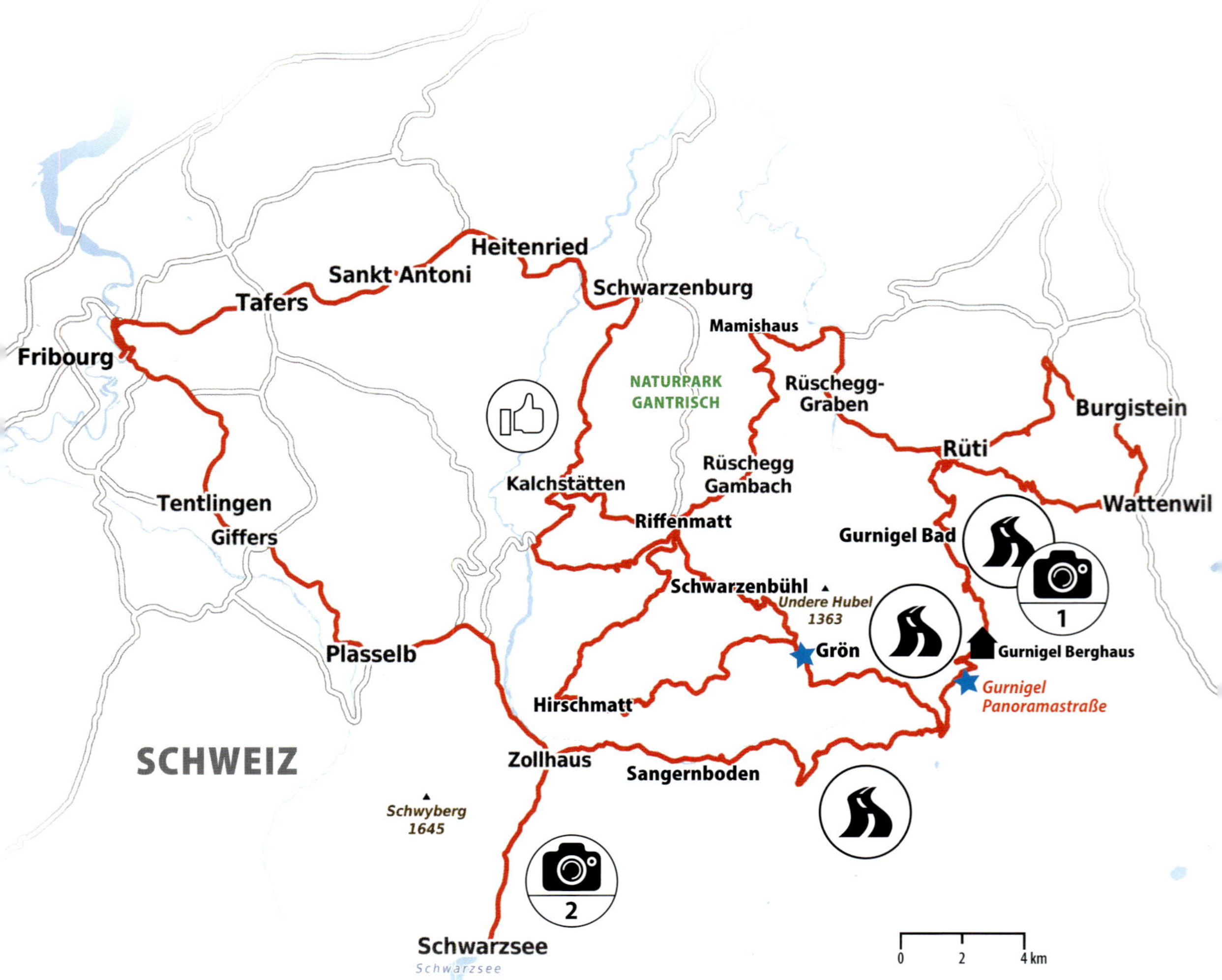
Heitenried
Sankt Antoni
Tafers
Schwarzenburg
Fribourg
Mamishaus
NATURPARK GANTRISCH
Rüschegg-Graben
Burgistein
Rüti
Rüschegg Gambach
Kalchstätten
Tentlingen
Riffenmatt
Wattenwil
Giffers
Gurnigel Bad
Schwarzenbühl
Undere Hubel 1363
1
Grön
Gurnigel Berghaus
Plasselb
Gurnigel Panoramastraße
Hirschmatt
SCHWEIZ
Zollhaus
Sangernboden
Schwyberg 1645
2
Schwarzsee
Schwarzsee
0
2
4 km

ROADBOOK:

Fribourg bietet sich durch die gute Anbindung an die Autobahn A 12 (E 27) als Start- und Endpunkt dieser Tour an. Es lohnt sich, einen Tag früher nach Fribourg zu kommen, um das Städtchen zu Fuß zu erkunden und später dort zu übernachten. Die zweite Übernachtung wäre sinnvoll am Schwarzsee. Dort beeindrucken die hochalpine, dennoch romantische Umgebung und jede Menge reizvoller Wanderziele. Warum nicht hier mal Motorradstiefel gegen Wanderschuhe tauschen? Es lohnt sich!

1. **In Fribourg** von der historischen Berner Brücke hinaus nach Schwarzenburg, dort erreicht man über dezente Kurven das Berner Mittelland und den Naturpark Gantrisch.

2. **Kleinste Sträßchen durch gepflegtes Weideland.** Über Guggisberg nach Mamishaus, Rüschegg-Graben, Rüti und weitere Weiler. Schmale Feldwege durch grüne Wiesen und das „Auenland" bis nach Wattenwil.

3. **Von Wattenwil über Burgistein** zurück nach Rüti und entlang toller Kurven hoch zum Berghaus Gurnigel mit fantastischem Fernblick ins Berner Oberland. Auf der Kammstraße kann man es ein bisschen zügiger angehen lassen. Prima Streckenführung.

4. **Entlang der Bergkette von Gantrisch,** Bürglen und Ochsen über Riffenmatt nach Guggisberg, dann über Kalchstätten eine kleine Runde retour nach Riffenmatt. Durch verschlafene Dörfer über Ottoleuenbad (kleine Schotterpassage) auf Singletracks zurück zur Grön-Panoramastraße.

5. **Über Sangernboden nach Zollhaus.** Ab Zollhaus hoch zum Schwarzsee. Vorher noch kurz hoch an den Ättenberg für ein tolles Foto des Sees vor Alpenkulisse. Zurück nach Schwarzsee.

6. **Letzte Etappe:** über Zollhaus, Plasselb und Tentlingen zurück nach Fribourg.

FOTOSPOT

1: Am Gurnigel-Berghaus hat man von der Terrasse aus einen fantastischen Blick ins Berner Oberland, kurz danach hinterm Sattel einen wundervollen Blick ins Berner Alpenvorland.
2: Auch schön zum Fotografieren: der Schwarzsee mit Bergpanorama.

TOP-STRECKEN

Von Dürrbach bis Zollhaus und von Guggisberg nach Schwefelbergbad.

DER BESONDERE TIPP

Eine Wanderung auf den zahlreichen Trails des Naturparks Gantrisch. Das Naturerlebnis ist intensiv, die entschleunigende Wirkung heilsam.
Infos: **www.gantrisch.ch**

Zum Karten und GPX-Daten Download
www.motorradonline.de/schweiz-gantrisch

FRANKREICH

RUND UM DEN MONT BLANC

GEZIELT EINKREISEN

Der höchste Berg der Alpen wirkt wie ein Magnet. Auf Gipfelstürmer und Bergwanderer, Skifreaks und natürlich auch Motorradfahrer. Die einen wollen hoch hinaus, die anderen nur einmal drum herum um den Weißen Riesen.

TEXT: *Thorsten Dentges* **FOTOS:** *Klaus H. Daams*

TOURATECH
HP
GS

Im italienischen Val Veny (oben) kann man ihm ganz nahekommen: dem Weißen Riesen.

Eine Umrundung bietet neben viel Fahrspaß auch zahlreiche Möglichkeiten zu kulinarischen und kulturhistorischen Einkehrschwüngen.

Sie strahlen etwas Heldenhaftes aus, die beiden Denkmalfiguren am Place Balmat in Chamonix. Während der Schweizer Forscher Horace Bénédict de Saussure eine Belohnung für die Erstbesteigung des Mont Blanc auslobte, ließ sich der Franzose Jacques Balmat im Jahr 1786 von diesem „Sponsoring" den Weg weisen: nix da Gore-Tex und Navigerät, sondern Gipfelsturm mit Wollpulli und Hanfseilen. Immerhin auf den höchsten Berg der Alpen, 4808 Meter hoch. Wobei, die genaue Höhe ist unterschiedlich angegeben. Je nach Eis- und Firnschicht auf dem Granitgestein. Balmat hat nach der Bezwingung des „Weißen Riesen", wie er respekt- und liebevoll genannt wird, Ende des 18. Jahrhunderts eine neue Abenteuerlust hervorgerufen. Der moderne Alpinismus war geboren. In den Jahrhunderten zuvor hatten sich zwar immer mal wieder Wagemutige an den Berg herangetraut, aber im Volksglauben galt der „Montagne Maudite", der verfluchte Berg, wie er noch im 16. Jahrhundert bezeichnet wurde, als gefährlich und vom Teufel bewohnt. Betreten verboten sozusagen.

Bisher hat es noch kein Motorrad auf die Gipfelspitze geschafft, und egal welcher Teufelskerl, er würde im hochalpinen Gelände vermutlich schnell scheitern und kaum bis zu den eisigen, schneeweißen Höhen aufsteigen können, die für den Berg heute namensgebend sind. Während die Erstbesteigung noch fast zwei Tage dauerte, ist der spanische Extrem-Bergläufer Kílian Jornet Burgada mit seiner Bestzeit aus dem Jahr 2013 aktuell unübertroffen: 4:57 Stunden. Ein anderes, gemütlicheres Tempo haben die vielen Wanderer, die für eine Hütte-zu-Hütte-Runde beziehungsweise biwakierend mit Leichtgepäck zwischen drei Tagen und eine Woche benötigen. Doch was interessiert das uns Motorradfahrer? Nun, vielleicht als Anhaltspunkt für eine eigene Umrundung. Denn es ist eine Wonne, in dieser einmalig schönen Grenzlandschaft zwischen Frankreich, Italien und der Schweiz um den Weißen Riesen herumzugondeln. Mit heißem Reifen unter Missachtung jeglicher Verkehrsregeln würde man die etwa 400 Kilometer lange Runde vielleicht in Jornets Bestzeit schaffen. Aber wir sind ja nicht auf der Isle of Man, sondern mitten in den Alpen, und spätestens in der Schweiz könnte einem übertriebenes Speeding auch übertrieben teuer zu stehen kommen. Aua, lieber nicht, sondern gemütlich, möglichst mit Übernachtung, und sich für die Motorradtour besser an die Erstbesteiger-Zeiten halten. Mit den beiden Gesellen Balmat und de Saussure im Rücken, also zumindest deren heroischen Nachbildungen in Chamonix, sollte man Berg-Historie und zu erwartende Rundenzeit aber erst mal hinter sich lassen und ganz im Hier und Jetzt verweilen. Auf der Straße. Nach Westen, entlang einiger Skigebiete in den Hochsavoyen, und dann südwärts, um den Mont Blanc von der Seite her die Stirn zu bieten. Aus Motorradfahrer-Sicht spannend wird es hinter Beaufort: Das Geschlängel über den Cormet de Roselend ist erfrischend oder gleich hinter Bourg-Saint-Maurice, wo die D 1090 rasant zum Col du Petit Saint-Bernard hochführt. Von 744 auf 2188 Meter, Asphalt top, Serpentinen satt, alpentypisch ein paar Frostaufbrüche, die das Fahrwerk auch mal kräftig durchschütteln können. Dem Weißen Riesen kann man im dann schon italienischen Val Venet und Val Ferret näherkommen. Ein Stündchen Liegestuhl zum Sonnen und dazu einen Cappuccino? Die Zeit hat man und sollte sie sich nehmen. Da es eine Umrundung werden soll, geht es aber nicht durch den Tunnel unterm Berg hindurch zurück nach Chamonix, sondern nach der Halbzeit weiter ins Aostatal. Die Superstrada mag als reizloser Abschnitt verbucht werden, im Rückspiegel blitzt bei gutem Wetter mit klarer Sicht aber immer wieder der imposante Mont-Blanc-Gipfel auf und spornt zu weiteren Anstrengungen an. Lohnt sich, denn nun verbindet der Gran San Bernadino das italienische Piemont mit dem schweizerischen Wallis. Mit 2469 Metern auch ein wahres Highlight dieser Tour, weil man sich auf fast 50 Kilometern häufig sehr nett von Schräglage zu Schräglage werfen kann. Oben auf der Passhöhe des Grossen Sankt Bernhard ist ein (Foto-)Stopp am Hospiz beinahe obligatorisch. Namensgeber des Passes ist übrigens der Augustinermönch Bernhard von Menthon, der im 11. Jahrhundert das Hospiz gegründet hatte, das auch als Wiege der Bernhardinerzucht gilt. Die zotteligen Riesenhunde sind mit etwas Glück dort oben anzutreffen, weil viele Besitzer ihren Vierbeinern dieses touristische Schmankerl samt Gassigang am See gönnen wollen.

> Im Rückspiegel blitzt der imposante Gipfel auf

Nun also die Schweiz, aber nur kurz. Hinter Orsières finden sich feine Kletterpartien mit schnuckeligen Sträßchen zum Champex-Lac und Col de la Forclaz, bis schließlich die schweizerisch-französische Grenze immer näher rückt und damit auch der Mont Blanc. Über die schmale und zerfurchte D 1506 schließt sich bei Argentière beinahe wieder der Kreis, und auf Chamonix zurollend stellt sich die Frage: Welcher der aneinandergereihten, auch im Sommer schneebedeckten 4000er-Gipfel ist er denn nun? Bei Unklarheiten am besten final zurück zum Denkmal: Die Statuen von Balmat und de Saussure zeigen auf den richtigen – den Mont Blanc.

Auf Nebenstrecken und in Seitentälern genießt man die Einsamkeit (oben). Dynamik spüren, wenn der Asphalt glatt ist und die Sicht frei (unten).

INFO

TOURDAUER:
circa 10 bis 12 Stunden (ohne Pausen), **2 bis 3 Tage** (mit Übernachtungen)

GEFAHRENE STRECKE:
ca. 360 km (davon circa 4 km Schotter)

ROADBOOK:

Wanderer nehmen sich ausreichend Zeit für die Runde um den höchsten Berg der Alpen. Belohnt werden sie immer wieder mit einmaliger Kulisse und eindrucksvollen Aussichten auf den grandiosen Mont Blanc. Auch als Motorradwanderer sollte man eher das touristische denn das sportliche Erlebnis auf dieser Rundtour zu schätzen wissen. Wobei: Einige Abschnitte und Pässe lassen auch die Gashand jucken ...

1. **Zum lockeren Einschwingen** geht es durch die Skigebiete der Hochsavoyen bis nach Beaufort; das erste Viertel der Mont Blanc-Umrundung entgegen vom Uhrzeigersinn ist da fast schon geschafft.

2. **Über den Cormet de Roselend.** Auf der Straßenkarte sticht dieser Routenabschnitt (D 925) als verheißungsvolles Geschlängel hervor – tatsächlich eine wunderbare Kurvenansammlung und somit ein erstes fahrerisches Highlight dieser Tour! Weiter auf der D 902 durchs Vallée des Chapieux bis Bourg-St-Maurice.

3. **Der nächste Knaller** ist die D 1090 zum Col du Petit Saint-Bernard mit klasse Asphalt und unzähligen Serpentinen. Es geht steil bergauf von 744 bis 2188 Metern, wow! Auf italienischer Seite führt die SS 26 zur Südseite vom Mont Blanc ins Val Veny und Val Ferret. Halbzeitpause!

4. **Bis Aosta nichts Aufregendes,** aber dann: Colle di Gran San Bernardo bis auf 2469 Meter Höhe – Weiterfahrt nun auf dem Grossen Sankt Bernhard, der Nordrampe dieses hochalpinen Passes auf Schweizer Seite. Schönes Kurvenband runter ins Wallis, Fahrspaß garantiert.

5. **Bei Orsières** optional im Sommer: Am Ende der Sackgasse vom Ferret-Tal liegt der coole Campingplatz Les Glaciers (s. Tipp rechts) – längerer Aufenthalt lohnt, gutes Angebot, die Berge zu erleben! Oder von Orsières direkt hoch zum Champex-Lac, dem schnuckeligen Sträßchen bis kurz vor Martigny folgen und zum Col de la Forclaz (1526 Meter). Kein alpiner Brüller, aber gut genug für einen beschwingten Endspurt. Hinter der Grenze zu Frankreich rollt man auf dem schmalen Band der D 1506 wieder Chamonix entgegen.

FOTOSPOT

1: In Chamonix hinters Denkmal am Place Balmat stellen und den Fingerzeig auf den Mont-Blanc-Gipfel fotografisch einfangen
2: Schöne Bergkulisse im Val Veny

TOP-STRECKEN

Zum Col du Petit Saint-Bernard, und auch der Grosse Sankt Bernhard ist sehr reizvoll für Motor-Alpinisten.

DER BESONDERE TIPP

Auf der 158 Kilometer langen Verbindungsetappe von Tour 3 zu Tour 4 (Martigny bis Ulrichen) liegt ein Abstecher, den man einplanen sollte. Dazu in Conthey links in die Route de la Morge abbiegen, dann die 18,7 Kilometer bis zum Refuge du Lac de Derborence genießen. Auch auf dem Weg zurück!

Zum Karten und GPX-Daten Download
www.motorradonline.de/tour-3-montblanc

WESTALPEN NORD

ZAHLENSPIEL

Zahlen können etwas Magisches haben. Die 7 oder die 13. Andere eignen sich als Produktname. 4711 oder 8x4. Wieder andere erschließen sich nur Kennern. Zum Beispiel 902. Nie gehört? Keine Sorge. Hier wirst du gleich zum Kenner.

TEXT UND **FOTOS:** *Dirk Schäfer*

Nach all den Pässen: Entspannungspause auf dem Col du Lautaret.

Andi und ich hatten das vor Jahren mal gemacht. Einfach einer Straßennummer hinterherfahren. Manche machen das mit der B 1 in Deutschland, andere mit der Route 66 in den USA. Wir hatten uns die 902 ausgesucht. In den französischen Alpen. Die verbindet den Genfer See mit dem Mittelmeer. Eine astreine Tour, für die man aber reichlich Zeit einplanen sollte. So viel Zeit haben wir diesmal nicht. Aber ein paar der 902-Bonbons wollen wir die Reifen dennoch lutschen lassen. Bereit? Go!

Überdimensional und dennoch fast nicht mehr zu erkennen prangt das Konterfei von Herkules auf der Staumauer von Tignes. Wir sind kurz vor Val d'Isère und haben uns gerade auf der 902 eingegroovt. Der griffig-blassgraue Asphalt macht das Gekurve mit den Scramblern zu einer Feier. Kurzer Blick auf den Tacho: alles im grünen Bereich. Schneller würde man hier ohnehin nicht fahren wollen. Kurzer Blick in den Rückspiegel. Was sind das denn für grelle Lichtpunkte? In dem Moment ziehen sie auch schon links an mir vorbei. Ein steinalter GTI mit lokalem Kennzeichen schraubt sich mit Warp-Geschwindigkeit Vald'Isère entgegen. Uneinholbar. Und warum auch …

Der schönste Wegweiser der Alpen steht auf dem Col de l'Iseran, und die GTI-Episode ist längst verdaut. Stattdessen fallen wir hinter der Passhöhe in ein alpines Wunderland, das für „Game of Thrones" herhalten könnte. Wuchtige Gletscher, markante Berggipfel und wundersame Schluchten machen auf Filmkulisse. Bis Lanslevillard. Da unterbricht sich die 902 selbst. Eigentlich müssten wir uns jetzt knapp 50 Kilometer durchs dicht gedrängte Maurienne-Tal zum Anstieg des Col de Galibier zwängen. Aber es gibt eine verlockende Alternative. Andi setzt den Blinker links. Richtung Italien.

Stein mit Stil: Schöner kann man Wegweiser kaum bauen als hier auf dem Col de l'Iseran.

Wolkenfetzen flirren um die Gipfel über dem Col de Mont Cenis. Dazwischen stahlblauer Himmel, der sich im Gipfelsee spiegelt. Murmeltiere tollen an den Hängen, ein Paraglider segelt in Zeitlupe von der 3612 Meter hohen Pointe de Ronce hinab zum Spiegelsee. Eigentlich wollten wir hier nur eine kurze Pause machen. Aber die Zeit verrinnt wie Vanilleeis vor der Heißluftpistole. „Warum blieben wir nicht gleich hier?" „Hier gibt's doch nur die drei Souvenir-Hütten." „Nee, guck mal da!" Tatsächlich. Zwischen Postkartenständern und Plüschtierschlüsselanhängern lugt ein bescheidenes „Hotel – Bar – Restaurant"-Schild durch. „Den Versuch ist es wert!"

Den Versuch war es wert! Mit einer Tasse grand crème in der Hand schauen wir in die glitzernde Morgensonne. Die hat uns ausschlafen lassen, denn unsere Seite lag noch lange im Schatten der Berge. Aber jetzt dunsten die letzten Tautropfen von den Tanks und es kann wieder losgehen. Zurück zur 902. Und durch Italien. Wir könnten es uns einfach machen und schlicht der Hauptroute nach Cesana Torinese und Briançon folgen. Aber es geht auch attraktiver. Zum Beispiel über Bardonecchia. Auf einem unübersichtlichen Wegweiser, der offenbar die Richtung zu allen Orten des Planeten zeigen soll, finden wir den Hinweis auf den Colle della Scala. Und den Hinweis: maximal 7 Tonnen. Schnell sind die Lkw aus den großen Tälern abgeschüttelt. Die Sonne flackert aufmunternd durch die Nadelbaumwälder. Rechts der Straße gurgelt das glasklare Wasser der Clarée. Zeit für Erfrischung! Zum Reinspringen ist die Clarée zu kalt, aber eine ordentliche Ladung Wasser ins Gesicht bringt die eingelullten Sinne wieder auf Vordermann. Ab nach Briançon. Und dann zum Galibier! Für mich ist er der Pass der Pässe, und ich kann es kaum erwarten, wieder auf dem kargen Sattel zu stehen und zu den überwältigenden Zinnen der Meije herüberzuschauen. Aber in Briançon kommt es anders.

„Nein wirklich!" Der ergraute Herbergsvater in der Altstadt von Briançon gibt sich alle Mühe um Glaubwürdigkeit. „Der Galibier ist heute geschlossen. Da findet ein Radrennen statt." „Nun gut, aber was machen wir solange? Stadtbesichtigung?" „Die 902 geht doch auch nach Süden weiter. Col d'Izoard, Col de Vars ...". „Très bien, sehr gut", kommentiert der Ergraute. Keine Stunde später auf Babyasphalt den Izoard empor. Aber auch hier: Streckensperrung. Doch nur kurz. Ein neues Automodell soll vor der unwirtlichen Felskulisse des Passes abgelichtet werden. Da fällt es fast leicht zu warten. Der Izoard läuft nicht weg. Und der Galibier erst recht nicht.

N45°3'50.7816 E6°24'28.3032

Ganz oben beim ganz Großen: auf dem Scheitel des Col de Galibier

Schräge Sache: Die Casse Deserte verleiht dem Col d'Izoard Einmaligkeit.

INFO

TOURDAUER:
circa 10 Stunden (mit kurzen Pausen), **2 Tage** bei Einkehr mit Übernachtung

GEFAHRENE STRECKE:
520 km

ROADBOOK:

1. **Startpunkt ist Bourg Saint Maurice.** Über die D 902 geht es weiter nach Süden Richtung Val d'Isère. Jetzt griffiger Anstieg zum Col de l'Isèran. Lange Geraden, enge Kehren. Rasanter Abstieg nach Bonneval sur Arc.

2. **In Lanslevillard links auf die D115,** nach 1200 m erneut links auf die D 1006 Richtung Col du Mont Cenis. Spritziger Pass, gut ausgebaut, tolles Panorama auf der Scheitelstrecke. Pausenstopp oder Übernachtung im „Les Roches Blanches".

3. **Mehrere Serpentinen hinab** zur italienischen Grenze. In Susa rechts auf die SS 24 Montginevro. Nach 21 km geradeaus halten, SS 335 bis Bardonecchia folgen. Am Ortseingang links, immer „Colle della Scala" folgen. Nach 6 km französische Grenze. Schmale Straße, Tunnels in den Fels gesprengt. Vor Roubion links Richtung Briançon. In Briançon sehenswerte Altstadt.

4. **Aus Briançon über die D 902 zum Col d'Izoard.** Tolle Strecke, Highlight ist die Casse Deserte, ein wüstenhafter Bergrutsch. Der D 902 bis Guillestre folgen. Dort Richtung N 94 „Briançon" orientieren. Nach 35 km am großen Kreisverkehr in Briançon auf die D 1091 Richtung Grenoble wechseln.

5. **Weitläufiger Anstieg zum Col du Lautaret.** Auf der Passhöhe nach rechts auf die D 902 zum Col du Galibier. Wunderbarer Panoramablick zum Pelvoux- und Barre des Écrins-Massiv. Zurück zum Col du Lautaret, dort rechts Richtung Grenoble. Nach 38 km rechts in 21 Kehren hinauf nach L'Alpe d'Huez. Im Ort auf die kleine D 211B nach Villard Reculas abbiegen. Mehrere Serpentinen hinunter zum Lac du Verney. Auf der D 526 parallel zum See nach Norden fahren. Auf dem Col du Glandon kleine Pausenmöglichkeit. Abzweig nach rechts zum Col de la Croix de Fer. Saftige Fahrt hinauf zur Passhöhe zum Eisernen Kreuz.

6. **14 km ab Passhöhe** nach rechts zum Col du Mollard auf die D80 abbiegen. Jenseits von Albiez le Jeune turbulente Abfahrt nach Saint Jean de Maurienne. Im Tal der Maurienne angekommen, nach rechts Richtung Modane abbiegen, um den Kreis zu schließen.

FOTOSPOT

1: Grandioser See und Bergblick auf der Staumauer des Lac de Mont Cenis

2: Der Klassiker: Aussichtspunkt der Deserte auf dem Col d'Izoard

TOP-STRECKEN

Col de l'Iseran südlich von Val d'Isère

DER BESONDERE TIPP

Bitte probieren auf dem Weg zu Tour drei: Die Lacets de Montvernier (Schnürsenkel). Sie winden sich spektakulär vom Maurienne-Tal auf 3,4 Kilometern als Teil der Süd-Rampe zum Col de Chaussy in 18 Haarnadelkurven nach oben.

HIGHLIGHTS: siehe Karte

Zum Karten und GPX-Daten Download
www.motorradonline.de/tour-2-westalpen-nord

VERGLAS
VS TT123
VS TT133

WESTALPEN SÜD

ZWEI ALPINE REZEPTE

Diese speziellen Berge im Grenzgebiet zwischen Italien und Frankreich, zwischen Piemont und Haute Provence, lassen einen nicht mehr los, wenn man sie einmal erfahren hat. Unsere beiden Runden erzeugen dank grandioser Pässe und Panoramen Dauergänsehaut.

TEXT: *Markus Biebricher* **FOTOS:** *Jörg Künstle (1), Zep Gori (1), Dirk Schäfer*

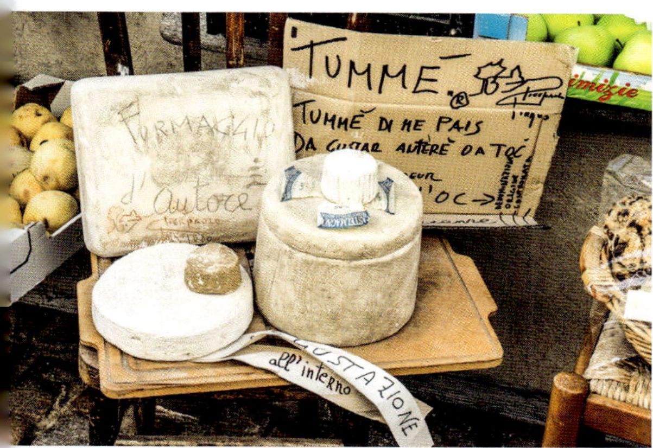

Auch kulinarisch eine Offenbarung: Käse im italienisch-französischen Grenzgebiet.

Die Gegend ist so traumhaft, dass sie bereits Schauplatz des Alpen-Masters von MOTORRAD war. Warum? Weil sie Fahrer und Motorräder erlebnisreich fordert mit ihren kühn geschwungenen Trassen, abenteuerlichen Aufstiegen, wilden Serpentinen und, klar, mit allen denkbaren Facetten alpinen Straßenbaus. Natürlich auch mit Stichstraßen, die von der Hauptroute noch mal höher hinaufgehen, wie die D209 von Barcelonette nach Enchastrayes: Ja, das sind zwar Sackgassen, aber der Weg zurück erscheint einem wie ein neuer Weg. Auch wenn man, wie von uns empfohlen, einen Super-Pass wie den Col de la Bonette aus zwei verschiedenen Richtungen befährt, führt das zu völlig unterschiedlichen Eindrücken, weil die Perspektive jeweils eine ganz andere ist. Und was für wundervolle Perspektiven das sind: Auf dem Lombarde beispielsweise, einem meiner Lieblingspässe überhaupt, windet sich spaghettimäßig ein schmales Asphaltband bergauf. Weiter oben türmen sich die Spitzkehren wie steinerne Schwalbennester übereinander. Dann folgt ein holpriges Waldstück, bis sich das Panorama schlagartig weitet und die alpine Bergwelt in spektakulärer Pracht vor einem liegt: schneebedeckte und grüne Wipfel im Wechsel, mächtige Geröllfelder und sonnige Almwiesen, gesprenkelt von tiefblauen Seen. Ein Bild wie für die Ewigkeit.

Solche Bilder gehören zu den Gründen, warum wir in den Alpen Motorrad fahren. Sicher, auch Fahrdynamik, Schräglagen und spannende Straßenverläufe gehören dazu. Genau wie das verdichtete Fahrerlebnis in Tunneln, auf Brücken, in achterbahnartigen Kehren, die Sicht auf haarsträubende Einschnitte – all das sind Eindrücke, die sich in die Hirnrinde einstanzen, die man nie mehr vergisst. Und dann dieser Wechsel aus schnell, langsam, links, rechts, rauf und runter. Die 160 Kilometer lange Runde 1 bietet all das genau wie die 190-Kilometer-Runde 2. Viel Vergnügen mit diesen alpinen Rezepten für höchste Genüsse!

INFO

TOURDAUER:
Runde 1: circa 4–5 Stunden (ohne Pausen),
Runde 2: circa 5–6 Stunden (ohne Pausen)

GEFAHRENE STRECKE:
Runde 1: 160 km, Runde 2: 190 km

ROADBOOK R 1:

1. **Start in Jausiers.** Rechts von D900 in Route du Col de Restefond einbiegen (C4), dieser Richtung Süden folgen. Schöne Kurven, bis zum Lac des Eissaupres (nach 16 km auf der linken Seite). Anschließend (nach 21 km) auf den Col de Restefond. Weiter bis zum Col de la Bonette. Geradeaus auf C1 und eine Runde um die Cime de la Bonette. Dann auf D46 bis Saint-Etienne-de-Tinée und Le Bourguet. Entlang des Flüsschens Tinée bis Isola.

2. **Einkehrmöglichkeiten in Isola.** Weiter am Kreisverkehr auf M97 und Beschilderung Isola 2000 folgen. Anschließend auf M97 nach Norden zum Col de la Lombarde. Nach 85 km überschreitet man die Grenze zu Italien und fährt weiter auf der SP 255 nach Vinadio.

3. **In Vinadio bietet sich eine Pause an.** Anschließend auf der SS 21 am Bach entlang bis Pietraporzio. Weiter bis Villagio Primavera, Argentera und eine äußerst serpentinenreiche Strecke bis zum Colle della Maddalena an der französischen Grenze. Hier auf der D900 über Meyronnes, Les Gleizolles zurück nach Jaussiers.

ROADBOOK R 2:

1. **Start in Jausiers.** Den Ort auf D900 verlassen, in Barcelonnette-Ortsmitte auf D902 einbiegen. Bis nach Le Villard d'Abas, weiter auf D902 bis Bayasse. Über tolle Kurven bis Lac d'Estenc. Dann endlosen Kehren folgen bis Entraunes.

2. **Von Entraunes** auf der D2202 bis St. Martin d'Entraunes. Dann weiter auf der D2202 bleiben bis Guillaumes. Am Ende des Ortes die D29 nehmen und dieser bis nach Péone folgen. Anschließend auf 8 km Achterbahnkurven nach Valberg genießen.

3. **Ab Valberg auf die D28 (Avenue de Valberg).** Später wird sie zur Route des Launes. Vor dem Ort Beuil (Tankstelle Relais du Mercantor) links auf die D30 abbiegen und rauf auf den Col de la Couillole. Hier auf der M30 in irren Serpentinen bis nach St. Sauveur-sur-Tinée. Hinter dem Fluss links auf die M2205 abbiegen und der Straße 14 km bis Isola folgen. Jetzt geht man, weil es so grandios war, den Col de la Bonette von der anderen Seite an und fährt die circa 60 schönen Kilometer wieder zurück nach Jaussiers.

FOTOSPOT

1: Auffahrt, Passhöhenbereich und Abfahrt Col de la Bonette
2: Auffahrt, Passhöhe und Abfahrt Col de la Lombarde
3: Auffahrt, Passbereich und Abfahrt Col de la Couillole

TOP-STRECKEN

Auffahrten Bonette, Lombarde, Maddalena, Bayasse bis Lac d'Estenc, etc.

DER BESONDERE TIPP

Pietraporzio: Die Seifensiederei Rose & Caprioli stellt Seifen, Öle und Cremes nach alten Rezepturen her. Das Ecomuseo della Pastorizia in Pontebernardo beschäftigt sich mit der Schafzucht im Stura-Tal. Tolle Bilder zeigen alte Wege über die Alpen.

Zum Karten und GPX-Daten Download
www.motorradonline.de/reise/motorrad-tourentipp-westalpen-sued-im-grenzgebiet-zwischen-italien-und-frankreich

TOURISTIK-TIPPS ALPEN

STARKE ZIELE

Die Alpen liegen als wildes Herz mitten in Europa, sie beherbergen eine einzigartige Naturvielfalt und sind Grundlage intensivster Erlebnisse. Aus den unzähligen touristischen und kulturellen Angeboten im Alpenraum stellt RIDE eine hochkarätige Auswahl vor.

Kein Zweifel, diese vertikalen Landschaften sind ein Faszinosum. Wo sonst in Europa gibt es derart exotische Tier- und Pflanzenwelten, solch extreme Topografie, wo sonst leben so spezielle Menschen? Doch das gebirgige Gesamtkunstwerk ist bedroht. Von Tourismus, Verkehr, Klimawandel, den Erwartungen und Konsequenzen der globalisierten Welt. Deswegen sind wir alle gefragt, wenn es um die Bewahrung der Alpen geht. Dieser Appell soll weder Tourismus noch Motorradfahren verdammen. Er soll uns lediglich bewusst machen, wie wichtig es ist, dass wir alles, was wir in den Bergen tun, mit Augenmaß und Rücksicht angehen.

Unsere Auswahl an Unterkünften, Restaurants, Kuriositäten, Aktivitäten und touristischen Zielen soll Sie, liebe Leserinnen und Leser, zu einem sanften, aber dennoch erlebnisreichen Umgang mit den Alpen ermuntern.

Viel Freude dabei!

EIN MUSEUM FÜR DIE GANZEN ALPEN

MESSNER MOUNTAIN MUSEUM

Die von Reinhold Messner initiierten Mountain-Museen, es gibt inzwischen sechs von ihnen, widmen sich jeweils einem besonderen Thema. Im Zentrum steht das Museum in Schloss Sigmundskron bei Bozen, in dem es um die Entstehung, Besteigung und Verwitterung der Berge geht. Das Museum in Messners Privatburg, Schloss Juval im Vinschgau, ist den Heiligen Bergen gewidmet, jenes auf dem Monte Rite südlich von Cortina dem Felsklettern. Am Standort in Sulden dreht sich unterhalb des Ortlers alles ums Eis, auf Schloss Bruneck um Bergvölker. Das Museum am Kronplatz beschäftigt sich mit dem traditionellen Alpinismus an den großen Wänden dieser Welt.

Messner selbst spricht von dem Museumsprojekt als seinem „15. Achttausender". Eine große Sache also, denn es geht dem Macher nicht darum, nur ein paar Fakten über die hohen Steindinger zwischen den Tälern loszuwerden. Vielmehr gibt er sein Wissen, seine Erfahrungen und die Geschichten weiter, die aus den Begegnungen zwischen Mensch und Berg entstehen.

Schloss Sigmundskron,
Via Castel Firmiano 53, 39100 Bozen,
Telefon +39/471/63 12 64,
www.messner-mountain-museum.it

MUSEEN UND MEHR

ALTE SALINE BAD REICHENHALL

Fünf Gramm, das ist die empfohlene Tagesmenge für einen Erwachsenen. Die meisten von uns essen aber täglich mehr Salz, und ohne ist nicht nur unsere Ernährung schwer vorstellbar. Es gab Zeiten, da wurde Salz in Gold aufgewogen, daher die Bezeichnung Weißes Gold. Wie es abgebaut wurde und was außer dem guten Geschmack noch vom Salz abhängt, zeigt eindrücklich eine Führung durch das Stollensystem und ein Besuch des Museums der Alten Saline.

Eintritt 11 Euro
Alte Saline 9, 83435 Bad Reichenhall
Telefon +49/ 86 51/70 02 61 46

AUSSTELLUNGEN GROSSGLOCKNER HOCHALPENSTRASSE

Sie gilt mit flüssigen Kurven und grandioser Aussicht als einer der Top-Ten-Pässe Europas. Attraktiv aber ist nicht nur die Straße zum Großglockner selbst. Attraktiv sind auch die Ausstellungen entlang der Hochalpenstraße. Es geht in immer wieder wechselnden Präsentationen um Kunst und Kultur, Natur und Technik, Geschichte und Geschichtchen. Eintritt ist enthalten in der Mautgebühr.

Ein Tagesticket fürs Motorrad kostet 27,50 Euro. Vorbestellen und weitere Infos unter Telefon +43/732/89 00 180 und www.grossglockner.at

ZILLERTAL-BAHN, ÖSTERREICH

Ein bisschen Nostalgie, ein bisschen Kindheitsträume ausleben und ein bisschen Dampf ablassen. Geht alles bei einer Fahrt mit der historischen Dampfbahn zwischen Jenbach und Mayrhofen. Dabei hat man die Wahl: lieber im Kristallsalon logieren und sich Kaltes oder Heißes den Hals herunterlaufen lassen, während man die bekannt wildromantische Landschaft des Zillertals vorüberziehen lässt, oder lieber selber den Lokführer spielen und den Kessel auf Temperatur bringen?

Einfache Fahrt ab 7,20 Euro
Zillertaler Verkehrsbetriebe
Austraße 1, A-6200 Jenbach
Telefon +43/ 52 44/60 60
www.zillertalbahn.at

ALPENZOO INNSBRUCK

Ein Rundgang durch den Alpenzoo am Fuße der Nordkette fühlt sich an wie eine Wanderung: Die Gehege sind direkt in den Hang gebaut. Bis zu 100 Höhenmeter legt man zurück, der Puls geht nach oben. Mehr als 100 Tierarten können auf dem Gelände beobachtet werden. Besonders schön im Frühling, wenn Nachwuchs da ist.

Eintritt 14 Euro, Alpenzoo Innsbruck
Weiherburggasse 37a,A-6020 Innsbruck
www.alpenzoo.at

KAFFEE-MUSEUM CAFERAMA

Wie kam die Kaffeebohne nach Europa? Wie sieht sie aus vor der Röstung? Gibt es verschiedene Arten an Kaffeebäumen? Wie wurde und wie wird geröstet, und wie und warum wirkt der Kaffee eigentlich so belebend? Antworten hat mit schönen Exponaten dieses Museum, das an die Rösterei und den Shop von Cafè Badilatti angeschlossen ist. Angeboten werden auch Betriebsführungen mit Verkostungsmöglichkeit.

Islas 246, 7524 Zuoz
Telefon +41/81/85 42 727
www.cafe-badilatti.ch

GALERIE PETER VANN

Von vielen Dingen macht man sich am besten selbst ein Bild. Darin liegt ein Reiz des Reisens. Andererseits: Man kommt ja nicht überall hin. Und dann ist es schön, Bilder zu sehen, die andere gemacht haben. So wie die Fotos, die Peter Vann in seiner kleinen und feinen Galerie präsentiert. Die wechselnden Ausstellungen zeigen Fotografien, Zeichnungen, Collagen, Malerei und Skulpturen mit jeweils ganz unterschiedlichem Reiz.

Galerie Peter Vann
Via Maistra 123, CH-7525 S-Chanf
Telefon +41/81/85 01 620
www.galeriepetervann.com

NIETZSCHE-HAUS

Und alle Lust will Ewigkeit. Hat Friedrich Nietzsche geschrieben, während er im Oberengadin über seinem Zarathustra brütete. Sieben Sommer hat der Schnauzbart in den 1880ern um Sils herum verbracht und die Gegend als seine „rechte Heimat und Brutstätte" beschrieben. Wem es an tiefgründigem Schwermut fehlt im Leben, der darf sich im traditionsreichen Nietzsche Haus gerne inspirieren lassen. Seien Sie weder zu euphorisch noch zu verzagt angesichts des Weltenlaufs beim Besuch dieses kleinen, erhabenen Häuschens. In dessen Mauern unter anderem „Jenseits von Gut und Böse" sowie „Der Antichrist" zu Papier gebracht worden sind. Das lohnt den Eintritt von acht Franken allemal.

Via da Marias 67, 7514 Sils Maria
Telefon +41/81/ 82 65 369
www.nietzschehaus.ch

VERKEHRSHAUS LUZERN

Ein Muss für alle Technik-Fans: Das Verkehrshaus in Luzern ist das meistbesuchte Museum der Schweiz und zeigt eine große Sammlung von Motorrädern, Autos, Flugzeugen, Raumfahrt, Schifffahrt (inklusive des einzigen U-Boots der Schweiz), Seilbahnen, Schienenverkehr samt sehr spezieller Lokomotiven sowie Exponate aus dem Bereich Kommunikation. Neben dem Museum beherbergt das Verkehrshaus auch ein Planetarium, ein Filmtheater (größte Leinwand der Schweiz) und das „,Swiss Chocolate Adventure", eine multimediale, hochinformative Ausstellung zum Thema Schweizer Schokolade.

www.verkehrshaus.ch

MUSÉE INTERNATIONAL D'HORLOGERIE

Man ist sich ja noch immer nicht so ganz einig darüber, was das eigentlich ist, die Zeit. Haben wir Menschen uns mit ihr nur einen Begriff machen wollen vom Werden, vom Sein und vom Vergehen all dessen, was wir sind und auch was uns umgibt? Immerhin haben wir Geräte entwickelt, die das Mysterium Zeit einigermaßen akkurat messen können. Doch wie lange dauert eine Sekunde, und wie genau können wir uns der Dauer mit Oszillatoren wie Pendel, Unruh und Spiralfeder, Quarz oder der Schwingung von Cäsiumatomen tatsächlich nähern? Über all das erzählt das Uhrenmuseum von La Chaux de Fonds.

15 Euro
Rue des Musées 29, 2300 La Chaux-de-Fonds
Telefon +41/ 32/96 76 861
www.chaux-de-fonds.ch

FONDATION PIERRE GIANADDA

Rodin und Giacometti hatten sie schon, die Bilder von Pierre Soulage, Toulouse- Lautrec, Cezanne, das Spätwerk Picassos, die Fotos von Cartier-Bresson. Große Kunst. Im Sommer 2021 soll eine große Retrospektive den modernen Impressionisten Gustave Caillebotte in den Blick rücken. Wem das alles nix sagt, kann sich im Foyer die wohl schönste Autoausstellung der Schweiz angucken. Um die 50 Vorkriegsklassiker und Unikate von Alfa Romeo, Isotta Fraschini, Hispano-Suiza oder De Dion-Bouton.

Rue du Forum 59, 1920 Martigny
14,50 Euro, geöffnet täglich
Telefon +41/27/72 23 978
www.gianadda.ch

MOINTAINBIKEN IN FRANKREICH

Megavalanche-Trail: 21 Kilometer und über 2700 Höhenmeter in einer einzigen Mountainbike-Abfahrt. Der Megavalanche-Trail mit Startpunkt auf dem Pic Blanc oberhalb von Alpe d'Huez ist unter den epischen Downhills in den Alpen einer der bekanntesten und spektakulärsten. Zu fahren im Juli und August, wenn die Gondelbahn zum Pic Blanc auf 3300 Meter Höhe in Betrieb ist. Von Allemond zurück mit dem Shuttlebus. Oder der Ambulanz?

Mehr Infos unter Telefon +33/476/11 39 73
www.bike-oisans.com

SLOWENIEN

HIGHLIGHTS IN DER HAUPTSTADT

Mit nahezu 300 000 Einwohnern ist die Hauptstadt auch die größte Stadt Sloweniens. Geprägt wurde das Stadtbild maßgeblich vom Architekten Jože Plečnik. Sein Wohn- und Arbeitshaus beherbergt ein charmantes Museum mit immer wieder wechselnden Ausstellungen.

Sechs Euro
Karunova ulica 4, 1000 Ljubljana
mgml.si/en/plecnikhouse

Die Nationalgalerie besitzt die größte Sammlung an Kunst vom Hochmittelalter bis zur Moderne. Zehn Euro.
Prešernova cesta 24, 1000 Ljubljana. ng-slo.si

Das Cankarjev Dom ist ein Kulturzentrum in Ljubljana, das neben Konzerten und Theateraufführungen auch interessante Filme zeigt und Lesungen veranstaltet.
Prešernova cesta 10, 1000 Ljubljana. cd-cc.si

Sehenswert ist in Ljubljana der Markt auf den Plätzen Vodnikov und Pogačarjev trg. Neben den Außenständen und einer offenen Küche gibt es die architektonisch reizvollen Markthallen des Architekten Jože Plečnik.

Einen der besten Ausblicke über Ljubljana hat man von der Spitze des ersten Wolkenkratzers der Stadt aus, dem 1933 errichteten, gut 70 Meter hohen Nebotičnik - was so viel heißt wie Wolkenkratzer. Café-Restaurant im 13. Stock.
Štefanova ulica 1, 1000 Ljubljana. neboticnik.si